不登校に、なりたくてなる子はいない。

子どもといっしょに考える登校支援

上野良樹 著

ぶどう社

はじめに

私がちょうど小児科医になった1977年頃、〈登校拒否〉ということばが、毎日のようにメディアに取り上げられていました。それ以来、登校拒否が不登校と名前をかえても、園や学校に行けなくなった子どもたちとの関わりはずっとつづいています。それは、私自身の小児科医の歩みと重なります。社会や環境の変化の影響は、まず子どもや老人などの弱者に現れると言われますが、私には子どもたちがいつもその変化を先取りして、その小さな体や心で診させてくれていると感じられました。

お腹が痛くて、朝起きられなくて、小児科外来に来た子どもたちが聞かせてくれる園や学校の話はとても興味深く、次に来た時に、園や学校に行けたと報告してくれる子どもたちの笑顔は何ものにも代えがたいものです。しかし、残念ながら不登校は減少するどころか増えつづけています。小児科の外来には、保育園や幼稚園児から、小学生、中学生、さらに高校生まで園や学校に行けなくなった子どもたちがたくさん来ます。

私自身は、不登校外来とか、心身症外来とか掲げているわけではありません。一般外来の中で、肺炎や胃腸炎などの子どもたちといっしょに診てきました。つらいのは皆同じ、いつでも気軽に受診してほしいと思っています。おかげで、「あの病院に行けばなんとかしてくれるらしい」という、あまり根拠のないうわさまで広まり、ますます学校に行けないたくさんの子どもたちと接するようになりました。

こんな子どもたちを診るうえでのポリシーはずっとかわりません。たったひとつです。〈泣いて来た子は、笑顔で帰す〉。とにかく、次に来てもらえなければ話になりません。またここに来てもいいかなと思う一番のポイントは、ここが楽しそうと感じられるかどうかにかかっています。楽しさとは、何かを得られることです。また来てもらうためには、時にモノでつることも厭いません。アンパンマンのシール1枚でまた来てくれるなら安いものです。

もちろん、次につながる何かには色々あります。久しぶりに笑ったことや、学校や家庭以外で交わす会話、これから先のことをいっしょに考えてくれる人、明日への小さな希望、そしてもうひとつ、それがたとえ病院であっても、朝起きて行ける場所ができることはとても重要だと感じています。あるお母さんが、子どもの調子が悪くなると、「上野マジックをかけてください」と言って連れて来られるようになりました。そんな魔法が使えれば苦労はしません。

私が日頃していることはこれだけです。

① 来てくれてうれしいと伝えること
② 学校に行けないつらさに共感すること
③ なんとかして笑顔を引き出すこと
④ 今後の作戦をいっしょに考えること
⑤ また報告に来てほしいと伝えること

なんとかして笑顔を引き出すためには、こんな話をします。

ア、子どもの好きなことや興味のある話にのっかる
イ、とりあえずだじゃれを言う
ウ、自分の経験や失敗談を話す
エ、いっしょに何かの悪口を言い合う（賛辞もあります）
オ、一見ありえないけど、ありそうな作戦を提案する

多少のだじゃれのテクニックや、子どもたちの中で今流行しているものなどの情報はあるにこしたことはありませんが、子どもに、「この先生は、ボクの今や未来につきあってくれるらしい」と思ってもらえることが大事だと思っています。

体の病気に救急疾患があるように、心の病気にも緊急事態があります。病気になりたくてなる子がいないように、不登校になりたくてなる子はいません。忙しい外来の中では時間は十分とれないかもしれません。でも、まず診ることからすべてがはじまります。せっかく子どもが動き出せて来てくれたのですから、それを見逃す手はあり

ません。いつでもすぐに対応できることが、小児科医の強みです。身体的な訴えから子どもの中に入っていけるというのも、小児科医の大きなメリットかもしれません。

不登校の背景には、一筋縄ではいかないさまざまな問題があります。ここに書かれていることは、あくまで外来に来てくれる子どもたちを診ている小児科医の見方です。毎日子どもと接している学校の先生方や、お父さん、お母さん方には、気楽な立場であると思われるかもしれません。ただ、今目の前で、学校に行けずに苦しんでいる子どもを笑顔にしたい。その笑顔が明日への子どものパワーやエネルギーになると信じています。

1部では、年齢によって園児から小学生・低学年、小学生・高学年、中学生に分けて、初回面接からその後の面接までのポイントを、子どもへの質問という形で示してあります。子どもといっしょに園や学校に行けなくなった原因を手探りし、そこから子どもといっしょに解決策を考えるための手立てを示しています。

病院の小児科という、学校でも家庭でもない場所だから見せてくれる子どもたちの姿があります。それは、〈不登校〉の子どもたちからの、「もう、学校に行けない子をつくってほしくない」というメッセージにもみえました。社会的弱者としてではなく、あたかも危険なガスをいちはやく検知するための小鳥のような存在として発せられたメッセージです。そのメッセージを十分に受けとれたかどうかはわかりません。本書を通して、それを少しでも伝えることができていればと願っています。

なぜ不登校がこんなに増えたのか、そして今も増えつづけているのか。

どんな病気であれ、治療の根本は発症の予防です。ひとつの病気の影には、苦しんでいる多くの子どもたちがいるはずです。いつも子どもたちと話しながら、必要なことは不登校の受け皿づくりではなく、不登校にならなくてすむ学校づくりだと感じます。2部では、そんな学校力について考えてみたいと思います。

上野 良樹

もくじ

不登校に、なりたくてなる子はいない。

1部

いっしょに考える小児科面接

1章 園児から小学生・低学年

お腹が痛くなるのは、がんばっている証拠

保育園や幼稚園に入園する、あるいは小学校に入学するということは、子どもにとって環境の大激変です。

ある日突然バスに乗せられ、自分と同じくらいの大きさの謎の生きものの集団に仲間入り。とりあえず、歌を歌ったり、先生のおひざに座って絵本を見たりして過ごします。そこでの生活にやっと慣れてきたと思ったころ、桜の季節とともに同じ方向に整然と机が並んだ場所に案内されます。そこに、これまでの保育園の先生とは明らかに見た目の異なる先生が現れ、「いいですね、これから私といっしょに勉強しましょう」と、ほぼ一方的に宣告されます。歌の内容も『せんせいとおともだち』から、いきなり『友

だち100人できるかな』に、まさかの大転換です。

子どもでも大人でも、慣れ親しんだ環境の変化ほどストレスになるものはありません。朝、なぜか柱にしがみつきたくなったり、朝になるとお腹が痛くなる気持ちはとてもよくわかります。「ボク、きっと弱虫なんだ」、「ボクってダメな子なのかな」と、小さな心や体を痛めている子どもたちを見ると、応援せずにはいられません。

柱にしがみつくのも、お腹が痛くなるのも、がんばって自分と闘っている証拠です。そんなにがんばらなくていいよ、今はうまくできなくてもきっといい方法があるよ、と子どもに伝えることが、年令を問わず、不登校(園)の子への関わりの第一歩だと思っています。

1

初回の面接

初回は絶対にいいイメージで

小学校低学年くらいまでであれば、元気いっぱいに診察室に入ってきて、お母さんに、「痛いんでしょ、痛いと言いなさい、あとで言ってもだめだからね」と怒られている子もいますが、お母さんの後ろにかくれて、半分泣きべそで連れて来られる子もいます。

はじめて連れて来られた子どもたちは、「これからいったい何がはじまるのだろう」とドキドキです。医者のほうは忘れがちですが、病院という場所はやはり独特の雰囲気があります。親が、「どんな先生だろう」、「こんなことで連れて来て、と言われないだろうか」と緊張していたりすれば、子どもはなおさら緊張します。

緊張をほぐすために、机の上にはゆるキャラ、聴診器にはキティちゃんのぬいぐるみ、白衣のポケットにはミッキーのボールペン、アンパンマンの名札は必須アイテムです。椅子に座った子どもの顔が少しほぐれます。

だいたい問診票には、「しょっちゅうお腹を痛がる」と書かれています。

しかし、まずは園やクラスの話や、服装の話から入ります。キャラクター入りの服を着ていてくれれば助かります。

「こんにちは」
「なに保育園ですか」
「なに組さんですか」

「なん年なに組ですか」

「キティちゃん好きなんだあ。ここにもいるよ」

「キティちゃんの体重知ってる、知りたい、リンゴ5個分だよ」

「トーマスでは誰が好きかな、パーシー」

「ではモシモシします、モシモシだけだからね」

「(上着を)じゃあ、ここを手でもってください」

「では、ここに寝てください」

「お腹とお口をみます」

「はいおしまいです」


ことばは、基本的に「ですます調」で、はっきり話すようにします。答えられても、まだ緊張して答えられなくてもかまいません。返事ができたときは、「お返事じょうずだねー」や、「ひとりでできるねー」などの合いの手を入れます。診察に入ると寝るのをいやがったり、口が苦手だったりする子どももいます。そのときは、「じゃ、次にみせてください」と、さっさと初回の診察は切り上げるようにします。

初回は、絶対にいいイメージで帰ってもらわねばなりません。

子どもの背景を探る

少し緊張がほぐれたところで、初回の事情聴取にうつります。ここでだいたいお母さんが、「精神的なものだと思うんですけど、朝になるとお腹が痛いと泣いて……夜は元気いっぱいなんですけど……」と、待ってましたとばかりに話し出します。ここでは、さりげなくお母さんの話を目で制します。それでも止まらないときは、「翔ちゃんが聞いているので、ちょっと待ってください」と、お母さんにはっきり告げます。

たとえ園児といえども、「自分のことを話している、しかもどうやらいい話ではないらしい」ということは十分に伝わります。

ここでは、本人が何組さんか答えられなかったときに、「何組さんですか？」とお母さんに組の名前だけ確認します。お母さんが、「さくら組です」と答えます。さくら組という名前を知っておくことは、これからの話の展開のうえでもとても大切です。

だいたい保育園であれば、さくらとかひまわりとか、かわいい名前がついています。まるでその名前を前から知っていたかのように聞いていきます。子どもたちの世界はまだ決して広くありません。朝、柱にしがみつきたくなったり、お腹が痛くなる原因は、だいたい園（学校）やクラスの中にあります。ここでのポイントは、子どもの表情やペースに合わせて、少しゆっくり進めることです。

「さくら組さんは楽しいですか」
「1年2組は楽しいですか」
「なにをしているときがいちばん楽しいですか」
「楽しくないことはありますか」

「なにがいちばん楽しくないですか」

「先生はやさしいですか、こわいですか」

「いちばん仲のいい子は、誰ですか」

「ケンタ君（ミカちゃん）ですか」（名前は適当に言います。当たればもうけものです）

「らんぼうな子はいますか」

「小学校と保育園とどちらが楽しいですか」

「いじわるな子はいませんか」


楽しいことがブロックなら、何を作るのが好きかを聞くことで興味のあるものがわかります。保育園のほうが楽しかったとか、いじわるな子がいると答えたときは、なぜそう思うのか、どんないじわるをするのか（必ずしも自分がいじめられているわけではありません）聞きます。子どもらしい答えであればあるほど、「そうだねー」と素直に共感してしまいます。

ちょっと笑顔が少ないときは、園や小学校で流行っているものを聞いてみます。子どもがうまく答えられないときは、こちらから見せてみるのも効果的です。「そんなの関係ねえ」とか「ラッスンゴレライ」など、わかりやすいものが流行っていると大助かりです。

この事情聴取が、初回面接のポイントになります。大人であれば、腹痛で来ているのに、いきなり「会社は楽しいですか」、「意地悪な人はいませんか」と聞けば怒られるかもしれません。でも大人なら、職業を含めその人の社会的な背景を知ることは、診断や治療のうえでとても重要です。子どもでも、まず子どもと同じ目線に立つことで見えてくることがたくさんあります。同じ世界を共有することで、子どもの反応をうながし、子どもなりの社会的な背景を知ることができます。

● お母さんに「だいじょうぶ」という処方せんを

小学校低学年くらいまでは、心と体の分離がまだ進んでいないので、心因性であろうとなかろうと、子どもはたいていまず身体症状を訴えます。腹痛などの身体症状があるときは、ここでお腹の写真を撮ります。

今までの経過と症状の訴え方で、器質的な病気ではないとほぼ見当がついていますが、「お腹が元気かどうかみるので、写真を撮ってきてください」とお願いします。これには、2つの意味があります。

ひとつは、子どもにもプライドがあります。お腹を触っただけで、「精神的なものですね」と言われても、「ボクはこんなに痛いのに」と、子ども心にも少し傷つきます。もうひとつは、子どもにお腹のX線写真をみせて、「ほら、どこも悪いところはなさそうだよ」と言うほうが、単純に納得ができます。そうすることで、次にずっと進みやすくなるのです。採血は初回ではまずしません。痛くない検査だけにします。

事前に家の方や、保育園からの情報があるときはいいのですが、初診で、はじめて来られたときは、撮影から戻ったら家の人だけ先に入ってもらいます。子どもには、ひとりで待合室でビデオを見ながら待っていてもらいます（このころにはひとりで待てます）。家の人に、いつごろからどんな様子かを聞きます。食欲や痛がる様子、回数や時間、排便、睡眠の状態などを確認します。

その話の経過から、腹痛は心因性の可能性が高いことをお話しします。

そして、何か原因として思い当たることがあるか、環境の変化（転校や、身近な人の死など）の有無についても確認します。ここで、先ほど子どもの前でお母さんのことばをさえぎった理由をお話しします。「どんなに小さな子でも、子どもを疑ったり否定するようなことばは、親であればなおさら、子どもは感じとる」ということを。

「何がストレスなのでしょうか、私の接し方が悪いのでしょうか、どうしたらいいのでしょうか」と、いきなり自分を責めるように思い詰められるお母さんもいます。そのときは、次のようにお話しします。

「この時期のストレスは、子どもがはっきり自覚していることはほとんどありません。それをつきとめようとすることは、かえってストレスになります。先生の声がちょっと大きくて怖いとか、クラスの子に変なあだなをつけられたとか、わりと単純なきっかけが多いので、単純に解決したほうがいいことが多いのです」

そして、お母さんの不安を少しでも減らしてもらいます。お母さんが不安を抱えたままでは決して子どもは元気になれません。「お母さんは全然わるくありません。家にいたくないと言ったら大変ですが」、「だいじょうぶ。この次までには治っているかもしれませんよ」。お母さんのホッとした顔が、子どもにとって最高の治療薬です。

もしそれで治らなければ、責任をとるのは私です。率直にあやまって、また次の作戦を考えます。

「またきてね」

ここからが、次へつなぐポイントです。待たされている子どもは、「待合室できっとボクのことを何か話し合っているのだろう」と段々不安になってきます。このあたりで、「ショウちゃーん」と呼び入れます。

「待っててくれたねー」
「さきにお母さんに話したけど、お腹は元気だね」（X線写真を見せます）
「ちょっとうんちがたまっているから、きっと外に出たがっているのかな」
「でも、毎朝お腹が痛くなるのは大変なのでおくすりを出します」
「来週、お腹がどうなったか教えてください」
「もし、お腹がちょっと治って保育園に行けたら、さくら組さんのお話もきかせてね」
「今日はこれでおしまいです」
「バイバイ、またきてね」

「またきてね」、と子どもにはっきり伝えることで、学校（園）とお家以外にも居場所があることを知ってもらいます。

笑顔でハイタッチして終了です。処方する薬は、簡単な整腸剤だけです。子どもといえども、痛いと言って来たのに手ぶらで帰すわけにはいきません。

初回面接はとにかく次につなげることが大切です。「もう、ここに来たくない」と、子どもに言われたらおしまいです。子どもと楽しいことやものをみつけて共有し、時間はあまり長くならないようにすることがポイントです。

診療メモ

星取り表で腹痛を治す

年長さんのショウタ君が「お腹がよく痛くなるんです」と、お母さんに連れて来られました。聞くと、朝保育園に行く前とか、発表会の前とか、給食の前とかばかりのようです。それ以外は元気で、好きなものならいっぱい食べられます。痛みも長くて5分くらいですが、あまり言うのでお母さんも心配です。お腹を念入りに診察します。

「お腹は壊れていないみたいだね」。「ところでお腹はどれぐらい痛いかな、これぐらいかな

（両手をめいっぱいに広げます）」。「これぐらい」と、ショウタ君が遠慮がちに小さく手を広げます。「それぐらいか、じゃ、ショウタ君とお腹はどっちが強いかな」、「ショウタ」。「そうか、じゃ今度痛いって言ったら、ショウタ君の負けだよ」、「うん」。「言わなかったら勝ちだから白星をつけて、今度持ってきてね」、「うん」。「8勝7敗なら勝ち越しだよ」、「わかった」。

2週間後、ショウタ君がうれしそうに星取り表を持ってきました。もちろん全勝優勝です。「すごい、ショウタ君、最強だな」。お母さんにもいっぱいほめられて、少し自慢そうな顔をして帰っていきました。

さらに2週間後、お母さんから電話がありました。「もう痛くないから病院に行きたくないと言っています」、「はーい」。

2

2回目の面接

再び、まずは日常会話から

「ショウちゃーん」、2回目の面接は、診察室に入ってくる様子でだいたい見当がつきます。自分から、「お腹、元気になった」と報告してくれる子もいます。実は、初回面接の最後に、「これで治らなかったら、次は血の検査もしなければいけないかもしれません」とお母さんにお話ししてあります。もちろん、本人にも少し聞こえるように。

「こんにちは、風邪ひいていませんか」
「おくすり飲めましたか」
「お腹は元気になりましたか」
「さくら組さんはどうですか」
「1年2組はどうですか」
「ケンタ君と遊びましたか」

半分以上の子は、もうお腹の痛いのは治って初回受診の翌日くらいから登園できるようになります。写真も撮って、「お腹はだいじょうぶだね」と言ってもらって安心するだけで治ってしまいます。最後に多少のおどしが入ったのは心苦しい限りですが……。

要は、さくら組さんやクラスに行って、先生が自分のことのように喜んでくれて、他の子と遊んで楽しければ、何が心配でお腹が痛くなったのかなど忘れてしまいます。

しかし、そうとばかりはいかないことも想定内です。

「そうか、まだ痛いか」
「園（学校）も行けそうにないか」
「おくすり、がんばって飲んでくれたのにね」
「前の日は行こうと思うんだよね」
「でも、朝になるとお腹痛くなるのか」

心のもやもやを探る

「うーん、どうしたら行けるかなー」、「ショウタ君のかわりにお腹が行きたくないよーと言ってくれてるのかなー」などとつぶやきながら、お母さんにもあらためて何か心当たりがないか聞いてみます。

お母さんも家で話を聞いているようですが、もうひとつはっきりしません。あらためて事情聴取に入ります。初回面接ではとらえきれなかった、具体的なストレスの原因になりそうなことを確認します。

「いやなこととか言う子いるかな」
「いつも先生に怒られている子とかいるかな」
「先生の声、おおきい」
「苦手な食べものは、ありますか」
「学校で、こまることはありますか」
「朝は、６年生のお兄さんとかと行くの」
「ショウタ君のパワーのもとはなんですか」

ウンとうなずいてくれたときや微妙な反応のときは、もう少し細かく聞いていきます。

「どんなこと言われるの」
「他の子が怒られていても、ドキドキするよね」
「授業の途中でうんちしたくなったら、先生に言えますか」
「休み時間はなにをしていますか」
「パワーが足りないときはどうしますか」

この章のはじめにも書きましたが、入園から小学校入学、そして小学校での生活は、子どもたちにとって大変動です。はじめて接する家族以外の大人の人の声やふるまい、同じ年代の子との時間や空間の共有、集団登校など人との関わりが、不安やストレスの原因になることは少なくありません。それがすべてではないとしても、今、心配になっていることがあれば、まずその問題から解消していくことが大事です。

お医者さんにたずねられることで、なんとなく心の中にあったもやもやしたものをことばに出せたり、その気持ちをわかってもらえたと思えることが、さらに次につながります。

「バイバイ、またきてね」

初回面接だけでお腹の治らなかった子のときは、園やクラスの雰囲気が不安や心配の元になっていることが多いようです。漠然とした正体のはっきりしない相手ですので、おどしを実行にうつします。治っていないのに採血しなければ、子どもにも整合性を疑われます。心の中で謝りながら採血します。「ごめんね、でもこれで行ければ、きっと先生たちは大歓迎してくれるからね」と。

採血する意味は、あらかじめお家の方にはお話ししてあります。大きな声では言えませんが、「これからも注射されるくらいなら園や学校に行く」と単純に思ってくれることが最大の理由です。

子どもでも大人でも、行動を起こすきっかけはそれほど複雑なものではありません。

結果が出たら、おごそかに子どもに伝えます。だいたい泣きながら、「もう注射しない？」と言って入ってきます。

「ショウタ君、ごめんね、でもよくがんばったね」

「血の検査は異常なしです」

「ショウタ君は強いから、お腹はもうかならず治ります」

「では、来週もう1回きてください、注射はもうしません」

「それまでに、どうしても痛くてがまんできなければ、お母さんに言って病院にきてください」

「バイバイ、またきてね」

お母さんにうながされて、半分泣きべそをかきながら、「アリガトウゴザイマス」と言いながら帰っていく子どもの後ろ姿を見るたびに、小児科医はいい仕事だなと思うのです。

3

3回目の面接

子どもたちの出番です

2回目でお腹の治った子も、もう一度来てもらっています。

「元気でしたか」

「うん、もうお腹はバッチリだね」

「さくら組さん（1年2組）でよかったね」
「また痛くなったら、いつでもきてね」

さて、ほんとうの面接、痛みがまだ治らない場合の3回目の面接は、子どもたちの出番です。分離面接に挑戦します。「先生と2人でお話できるかなー」、「2人だけでお話したいなー」。もちろん、本人がお母さんといっしょのほうがいいと言えば無理にはできません。

園児や、小学生でも、こんなこと言ってもいいのかな、お母さんに怒られないかなと遠慮や葛藤はあります。先生と2人だけのひみつだよと言うと話しやすくなります。子どもの本音を聞くことで、問題の具体的な解決策をいっしょに考えることがようやく可能になります。

「この前はごめんね、でもがんばったおかげで血の検査もなんともなかったね」

「お腹、少しよくなったかな」
「他の子が怒られているのもいやなんだ、聞いているだけでもつらいね」
「クラスがうるさいのか」
「どうすればいいかなー」
「先生に、他の子を怒らないようにたのんでみる」
「となりのクラスはどうかな」
「おうちが大好きなんだね」
「なんて、言われるんだったっけ」

2人だけで話すことを選んだ子どもたちが言います。

「でも怒られている子も悪いと思う」
「先生、やさしいときもいっぱいある」

「となりのクラスはもっとうるさい」
「めがねざるとか言ってくる」

何か聞くたびにお母さんの顔を見ていた子どもも、なぜかお母さんが横にいないほうが話しやすいようです。子どもたちが精いっぱい教えてくれます。
こんな風に自分の気持ちを言えることが、踏み出すための第一歩です。

「そうか、先生やさしいのかあ、じゃあ、明日行ってみるか」
「でも、いやなことがあったらお母さんにかならず言ってね」
「おくすりはもう少し飲んでおいてね」
「先生、きっと待っているよ」
「今のクラスでよかったね」
「そのめがね、かっこいいけどな」

子どもたちの心の中

女の先生から男の先生に変わったとき、小さな保育園から1年生になったとき、これまでの環境が一変することがあります。トイレに行くのをじゃましたり、園ごとの派閥争いが勃発していることもあります。大人でも誰かが怒っている声や、けんかして怒鳴りあっている声は気持ちを不安にさせます。子どもたちが、園や学校に行きたくないというより、このまま家に静かにいれたらと、無意識のうちに思ってしまうことも仕方がないかもしれません。また、1年生の時は41人で2クラス編成だったのに、1人転校したために、2年生は40人1クラスになることもあります。これも子どもにとっては環境の激変ですが、子どもたちのために激変緩和措置がとられることはありません。

担任の先生がモデルになっていることもあります。小学校でうまくできないことがあるたびに「保育園に戻れ」と他の子たちから言われつづけて、登校できなくなった子がいました。よく話を聞くと、担任の先生が授業中に答えられない子がいると、「こんなこともわからないの、もう一度保育園に戻りなさい」と言うのがきっかけになったようです。

私も含めてすべての大人は、子どもを経験しているはずなのに、なぜ子どもの気持ちが見えなくなってしまうのだろうと思います。子どもたちの本音トークを聞きながら、「えー、そんなことか」と思うこともないわけではありません。でも、その小さな不安や悩みに耳をかたむけ、どうしたらいいかなといっしょに考えることで、子どもに笑顔が戻り、園や学校に戻っていき、良い経験を積み重ねてくれることを願っています。

少しずつがんばったことを担任の先生に認められ、家の人にほめられ、子どもたちはもとの世界に戻っていきます。子どもと大人の病気の大きなちがいは、子どもの病気は急性の経過をとり、原因はとてもシンプルで、何よりも子どもたち自身にものすごい回復力があるということです。体の病気に見逃してはいけない急性期があるように、心の病気にも急性期があります。とくにこの時期の不登校（園）という現象に対しては、すばやく、なるべく単純に対処することが、最も大切だと思います。

決して多くはありませんが、背景に深刻ないじめがあるときは、転校などの緊急避難的な対応が必要なこともあります。いじめで大事なことは、子ども自身が物理的にぜったい安心と思える状況、大人がこれでぜったいにいじめられることはないよ、と言い切れる状況をつくれることです。

子どもたちどうしで話し合わせる危うさ、何かあったら先生が守ってあげるという不確かさは、多くの場合、さらに悪い状況を作り出すばかりでなく、その結果として子どもの心の中に先生はあてにならないという不信、大人不信を生み出します。その不信から子どもたちを連れ戻すことは、時としてとても長い時間がかかるのです。

逆に、校長先生が関わることでとてもいい方向に進むこともありました。校長先生や校長室は、本人にとってもまわりの子にとってもやはり特別感があります。1対40ではなく、特別な1対1の関係が保証してくれるものがあることを、子どもたちは敏感に感じとるのかもしれません。

診療メモ

おうち大好き症候群

朝になると、コウちゃんはお腹が痛くなって登園できません。朝、園まで送ってあげるとなんとか行けます。お母さんがそばにいれば落ち着くみたいです。しばらく仕事を休んでそばにいてやれば元気になるかもしれません……お母さんは悩みます。

もしも休むことが可能なら、思い切って３日間だけ仕事を休んでみてください。そして、「仕事お休みにしたから、ずっといっしょにいるよ、お母さんもそうしたかったんだ」と宣言します。２日後、「どうしよう、仕事またしないといけないみたいなの、なるべく早く帰ってくるからコウちゃんも園に行けそうかな」。コウちゃんは、ちょっと残念そうですが、「うんわかった、でもほんとに早く帰ってきてね」とけなげに答えます。

休むことがむずかしいときは、少しだけ早く帰ることでも良いかもしれません。コウちゃんの好きなことをして遊びます。年少児の場合、いっしょにいる時間をわかりやすく作ることや、一度満足できることで、けっこう切りかえてくれます。

小学生なら、ひとりで悩まず子どもに相談しましょう。

「お母さんしばらく仕事休もうと思うんだけど」

「どうして」

「今まであんまり一緒にいてあげられなかったし、こんな時くらい一緒にいたいし」

「えー、だいじょうぶだよ、仕事にいって」

「無理しなくていいよ、長くは休めないと思うけど」

「ほんとに大丈夫、わたし元気だから」

いっしょに考えたり、いっしょに悩むことが、子どもにとってお母さんがそばにいることの何よりの証になります。

2章 小学生・高学年

学校に行けない時間が長くなって昼夜逆転に

小学校も高学年になると、心と体の分離がかなり進んできます。低学年と同じように、頭痛や腹痛など身体的な症状を訴える子もいますが、朝だるくて起きられないという不定愁訴的な訴えも出てくるようになります。

お医者さんへ行っても、「体の異常はないですね、気持ちの問題でしょう」と言われたり、あるいは起立性調節障害ですねと言われ、薬を処方されますが、なかなか症状の改善はえられません。

学校にも相談しますが、とくにいじめなどもなく、原因ははっきりしません。カウンセラーの先生にも、「無理しないで動き出せるまで待ちましょう」と言われます。家の人も心配ですが待つしかありません。学校に行けない時間がだんだん長くなり生活のリズムがくずれたり、昼夜逆転といわれる状態に近くなってきます。お家の人も不安になり、再度病院を受診することになります。

もうひとつ、この年代になると身体症状もとくになく、学校に行けない理由もはっきりしないまま休みがちになる、あるいは、これまでごく普通に登校していたのにある日をさかいに行けなくなるという子どもたちもいます。

どちらもあらためて外来を受診するころには、学校に行けなくなってからある程度時間が経過しているのが、園児や小学校低学年との大きなちがいです。

1

初回の面接

明るく、さりげなくはじめる

小学校も高学年になると、めったに風邪をひくこともなくなり、病院に来るのはひさしぶりです。子どもたちは、「何を聞かれるのだろう」、「何をされるのだろう」と緊張でいっぱいです。あくまで明るく、さりげなくはじめます。

「こんにちは」
「何小学校ですか」
「何年何組ですか」
「全部で何組あるの」
「何委員になりましたか」
「自分で立候補したの」
「みんな言うこと聞いてくれないだろう」

この年ごろになると、自分なりの世界をもっていてけっこう身構えてくる子もいます。親に対する態度もべったりだったり、反抗的だったりしがちです。また、不登校にいたる経過から大人に対する不信感があれば、この大人は信用できるかどうか見定めていると感じることもあります。

ここはひとまず肩の力をぬいてほしいところです。そうでないと言いたいことも言えなくなってしまいます。

とりあえず、ギャグか冗談のひとつでもはさめれば上出来です。「そんな委員会でイインカイ」とか、小松には弁慶で有名な安宅の関があり、近くに安宅（あたか）小学校があります。安宅小学校の子がくると、「そんな小学校、あったか」というのが鉄板です。緊張マックスでやって来た子どもの顔が少しほぐれてきます。別にウケなくてもいいのです。冗談が好きな先生と思ってもらうだけで。

さまざまな思いが

小学校４年になると委員会活動がはじまるので、このあたりにも探りを入れておかねばなりません。委員会を聞くのは、ネタのためではありません。自ら立候補したのか、やらされることになったのかを確認します。

学級委員と答えた子には、自分の経験談を少し入れます。「先生も小学校の時、学級委員になられたけど、だれも言うこと聞いてくれなくて苦労したよ」、と適当にアドリブを入れます。子どもが保健委員と答えれば元保健委員、放送委員と答えれば元放送委員になりすましします。小学校高学年では、これくらいで診察に入ります。「では、モシモシします」。こうして体の診察から入れることで、心の診察がより行いやすくなることは、小児科医の特権かもしれません。

体の診察を終え、頭痛やめまい、腹痛などの身体症状があるようでしたら、採血や腹部の写真を撮ります。この意味は小学校低学年と同じですが、高学年の場合、診察の状況では、貧血の有無の確認なども含めて一気に採血までいってしまうことが多くあります。

今回がまったくの初診のときは、検査の結果待ちの時間を利用して登校の状況などの情報をお家の方から少しもらいます。お家の方も心配のあまりどうしても話が長くなりますが、これからも受診はつづくことをお話し、あまり時間をかけずに本人も呼び入れます。登校の状況などについて、先にお家の方が相談で受診されていたり、学校からの連絡で情報がある程度わかっているときは、検査の結果が出るのを待って本人と話します。

年長になるほど、「親に心配をかけている」とか、「自分さえ学校に行けば病院に連れて来なくてもすんだのに」と、ことばには出しませんが、さまざまな思いが本人の頭をよぎっています。

気持ちのつまづきを探る

お家の方からの情報が得られたところで本人を呼び入れ、お家の人に検査結果を先に説明したことだけを告げます。

「疲れたか、だいじょうぶか」
「先にお母さんに話したけど、血の検査は大丈夫だよ」
「少しだけ、貧血気味かな」
「血圧が低いね、これだと朝は100ないかも」

「朝起きれなくても仕方ないね」（半分はお母さんに）

「立ちくらみとかしない」

「夜、頭痛や腹痛で目がさめることはない」

お家の方や学校からのこれまでの登校状況の情報、あるいは検査待ちの間にお家の方から聞いた家での様子や学校のこれまでの対応などの話から、どのへんで気持ちがつまづいているのかはだいたいの見当はつきますが、一般的な質問からはじめていきます。

まだ自分が何も話していないのに、はじめて会った先生に知ったかぶりをされるのは気持ちのいいものではありません。親や学校から自分のことをなんて聞いているのだろうとか、親や学校は自分のことをなんて伝えたのだろうと思うと、身構えざるを得ません。むしろ、まだあなたのことは何も知らないので教えてほしいというスタンスのほうが警戒心を解いてくれると思っています。

「クラスの雰囲気はどう」
「いじめるやつとかいない」
「勉強はむずかしくなってきたかな」
「休み時間とか何して過ごすの、クラスで何がはやってるの」
「保健室とか行くことある」
「宿題は多いですか」
「先生きびしいほう、やさしいほう」

このくらいの質問で本人の様子と、家の人や小学校からの情報と合わせて、どのあたりで行きづまっているのかほぼ見当がついてきます。ここでは質問に答えるのに間が開くよりも、即座に否定するときが気になります。とくに、いじめとか勉強とかこれまでに何度も聞かれたようなことや、自分のプライドに関わることを、こちらが言い終える前に「ない」とか「だいじょうぶ」と言うときは、注意しなければなりません。

でも、初回面接の事情聴取はこれまでにします。そのときのそう言いたい気持ちを、ここは信じるしかありません。

価値観で揺れる子どもの心

いうまでもなく、小学校高学年での不登校はクラスでの友だち関係や担任との人間関係を含めて、対人関係によるところがほとんどです。自分と友だちの価値観のちがいに悩み、「友だちは多いほうがいい」という学校の価値観に自己評価が大きく左右される時期です。

また、ここで宿題のことを聞くのは、宿題でつまずいている子が少なくないからです。小学校も高学年になると勉強がむずかしくなり、さらに宿題の量も増えてきます。宿題の量も、「子どもは元気に遊ぶのがいちばん」という先生の方針でほとんどなかったのが、次の学年で急に増えたりすることがあります。さらに複数の先生から同時に出されることもあります。そうなってくると、宿題や課題がちゃんとできていないと学校に行けない、あるいは行きたくないという子がでてきます。先生方も、「できるだけでいいよ」と言いますが子どもはがんとして聞き入れません。そのがんこな性格は、いずれ仕事のうえで大変な力になってくれると思いますが、学校へはどんどん行きにくくなります。

「なぜ宿題があるのか？」「ぜったい終わらせなければいけないのか？」この答えは意外にむずかしい気がします。その答えがあいまいなまま、宿題や課題を家で終わらせてくることを子どもたちの連帯責任にしたり、特定の子だけ完全に宿題免除にするなどの対応は、かえって学校に行きにくい状況を作ってしまうこともあります。子どもの能力や環境にそって宿題が出せれば一番いいのかもしれませんが、この忙しい先生方の現状ではとてもむずかしいでしょう。

初回の事情聴取でもう少し踏み込みたいところですが、子どもも緊張やら検査やら慣れない病院で疲れています。「疲れただろ、外に出るのも久しぶりだし」、「もう終わりにするよ」と終了します。子どももちょっとほっとした顔になります。

「また、あなたと話したい」

朝起きられない子の場合、薬を飲んで血圧を上げ、起きやすくすることを説明します。頭痛やめまいも減るはずだからと話します。薬の飲み方は、夕食後と起きる15分前にします。もし学校に行くとしたら、始業時間に間に合うために起きなければいけない時間の15分前に目覚ましをかけて、「行儀は悪いけど寝たままお薬を飲んでください。そうすると今より起きやすくなるから」と話します。この起床15分前の内服には、朝とりあえず目を覚ますためのイベント作りの意味もあります。

頭痛や腹痛があるときはその薬も出しますが、あまり最初から薬は出したくありません。両方あるときは、子どもに頭痛と腹痛のどちらがよりつらいかを聞いて、まず、つらいほうからひとつずつ治していくことを提案します。頭痛の場合は、血圧の薬に予防効果があることを話し、どうしても痛みが我慢できないときは、早めに鎮痛剤を飲むように処方します。腹痛のほうが強いときは、整腸剤や制酸剤を少なめに処方します。次の予約までの期間は、最長でも1週間にします。


「はじめてなので、お薬は少なめにして1週間だけ出します」

「来週、お薬を飲んでどうだったか教えてください」

「頭痛は早くおさえると、症状出にくくなるから」

「お腹のお薬はわすれずに飲んでね」

「今日はごくろうさまでした」

「じゃ来週です。それまでに何か困ったことがあったら、すぐ来てください」

「ばいばい、またね」

「あ、そうそう無理しなくていいけど、もし起きられて、なんとか行けそうだったら、クラスの雰囲気がどうだったか教えてね」

次への約束ごとの中のポイントは、やはり最後のフレーズです。「あなたは、今クラスに行けてなくてもまちがいなくクラスの一員であること、あなたは、クラスの雰囲気を知る権利があること、それを教えてほしいと思っている人がいること」を、伝えます。誰でも最初から、学校や自分のクラスが嫌いだったわけではありません。まして、嫌いになりたくてなったわけではありません。

初回面接はこれでおしまいです。初回は、小学校高学年の場合も親子の分離面接はまだしませんが、面接の主役は子どもです。先生はあなたと話したい、あなたの気持ちを教えてほしいというスタンスで行います。

「だいじょうぶ」ということばの力

ただし、まだこの時期は、お母さんもとても大きな役割を担っています。時として孤立無援の戦いに絶望的になっているお母さんがいます。お父さんはあてにできず、学校との話し合いにも疲れ果て、毎日の自分の子育てを責め、うつ状態になっても仕方がないかもしれません。でも、ここはお母さんにも元気を出してもらわねばなりません。お母さんの不安は、子どもの不安を増幅します。

「だいじょうぶ、すぐに元気になります」、「もう少し時間はかかるかもしれないけど、かならず学校に行けるようになりますよ」。ここでお母さんにそう言ってしまうことが、医者として無責任であるとは思いません。それが子どもを治療するために必要なことばであり、処置であると思っています。もし、うまくいかなければ、またお母さんといっしょに、子どもといっしょに次の方法を考えます。

「だいじょうぶ」ということばの力を必要としているのは、お母さんも同じです。

ただそばにいるだけで

最後に、「できたら、次からお母さんと別々に診察するよ」と予告します。ただ、この章のはじめに書いたように、とくに身体症状もなく徐々に休みがちになる、あるいはある日突然、「学校に行かない宣言」をする場合もあります。そんなときや、身体症状を訴えて受診したときでも、本人の様子をみて何かもう少し話したそうにしていたら、他の患者さんには申しわけありませんが、診察時間を延長する決断もいります。

つらい思いを口に出すには時間がかかります。そのときは、その子の思いをすべてに優先させます。ここで距離をおいてしまうと、2度目はないかもしれないのです。ただそばにいて、じっと待つ時間だけが、ことばを引き出してくれることがあります。必要であれば、そのまま事情聴取を続けることを選択します。そのときは、2回目の面接に進んで下さい。

2

2回目の面接

まずは1週間の出来事から

1週間後です。さすがに園児や小学校低学年のように、いきなり登校できるようになる子はほとんどいません。むしろ、学校に行けないという形で回避しなければならない状況は何も変わらないので、病院に受診したことが登校への圧力になったり、自分の気持ちを少しカミングアウトしたことで今までがまんしてきたつらさを晴らすように、逆に身体症

状が強くなるときもあります。

歩いてくる様子や表情で、少し前向きになれたか変わらないかはだいたいわかります。

でも、たとえ元気そうに診察室に入ってきても、基本はネガティブに聞くにかぎります。

それが、子どもからわずかでもポジティブなことばをひきだすコツです。


「どう、少しでも起きやすくなった」

「お腹の痛いのはあまり変わらないかな」

「頭が痛いのは少し減りましたか」

「痛み止めは効いた、ダメ」

「夜寝られているのかな、布団には何時ごろにはいるの」

「寝つきが悪い、それとも途中で目がさめる」

「いろいろ考えてしまうのか」

「学校は、途中からいくのはダメなほう」

「火曜日行けたんだ、がんばったな」
「2日も行ったの、がんばりすぎだよ、疲れただろ」
「行ってみてどうだった、思ったより大丈夫だったか」

この1週間は、少し起きる時間が早くなっても、登校することはまだむずかしいと思います。ただ小学生の高学年の場合、病気や健康への不安がけっこう大きくなっていることがあります。1回目に検査して体はどこも悪くなかったこと。家の人が心配して病院に連れて来てくれたこと。ちょっと大ごとになってしまったと感じたことなどで、本質的なつらさは変わらないけれど、周囲の期待に応なければいけないかのように何日か登校できることもあります。

なんと言っても、小学生です。大人のような図太さなどまだありません。

学校の先生方は、登校してくれたうれしさのあまりもう1時間いたらとか、明日も待っているよと言いがちです。でも子どもは、家から一歩を踏み出すだけでもかなりのエネルギーを使い果たします。さらに久しぶりに入る学校への不安。教室では、みんなに自分がどう見られているだろうかという思いで緊張しつづけです。この感覚はなかなか想像できませんが、とても疲れているはずです。でもまた一方ではかならず、思ったほど心配しなくて良かったのだとも感じているはずです。この経験は、本人が感じるしかありません。ここでは、「心配したほどじゃなかったかな」、「なんとか教室にいれたんだね」とその感覚を少し後押ししておきます。

診療メモ

久しぶりに登校したら

しばらく不登校だった生徒が、先生の家庭訪問のかいもあり、1時間だけという約束で久しぶりに登校してきました。友だちとも会話して普通に過ごせているように見えます。

1時間終わったあと先生は、「これならいけそうだ、もっと自信にもなる」と思い、「もう1

解きほぐす糸口を探る

時間受けてみようか」とやさしい口調で声をかけました。生徒は一瞬迷ったように見えましたが、先生が「だいじょうぶだよ」と言うと、小さくうなずき教室でもう1時間を過ごし、その日は無事帰宅しました。ところが、生徒は翌日からまた登校できなくなりました。

子どもは、先生の期待している答えを知っています。とても疲れているけど、「はい」と答えてしまいます。でも心の中では、「こんなにつらいのになぜ先生はわかってくれないのだろう」と思います。

「久しぶりで疲れただろ、帰って休め、明日は無理しなくてもいいぞ」と言うのは、とても勇気がいるかもしれません。でも子どもたちは、「自分のしんどさをわかってくれている」と思えば自分から言います。「もう少しいれそうです」、「明日も来られると思います」。こんなときは、ブレーキをかけることこそ、アクセルになるのです。親もうれしさのあまり、「明日も行ってね」などとは口がさけても言ってはいけません。「疲れただろ」そのひと言で十分です。

初回の面接で、子どもの表情から今ことばにしたい何かを抱えていると感じたときや、あるいは身体的な訴えよりも、とにかく朝起きられないという状態にあるときは、そのまま、この2回目面接に入ることもあります。

学校に行けないからこそつらいのです。行こうと思う気持ちを押しつぶす何かがあるから、朝起きられないのです。起きられたとして、学校に行けないわけを自分ですら納得できてはいないのに、起きられれば学校に行けると思っている大人に、その理由をことばで説明することはとてもむずかしい作業です。少しずつ少しずつ、解きほぐすしか方法はありません。その糸口を子どもといっしょに探します。

「そうか、起きられても体のしんどさは変わらないか」

「頭も重い感じするかな」

「前の日には、準備もするんだね」

「でも朝になると、もう一歩が出ないんだね」

「ちょっと休み長くなってしまったしな」
「でも交通事故にあったら、3カ月くらい入院することもあるぞ」
「勉強はなんとかだいじょうぶか」
「朝、出ようと思うと、いちばん気になることは何かな」
「まわりに、どう思われるかなとか思う」
「それで、いっぱい気をつかってしまうんだ、なかなかつらいな」
「こまったねー」

と、しばらく時間をおきます。「お母さん、ちょっと前で待っていてもらえますか」、お母さんに出てもらいます。お母さんも何かを察します、親には言えないことでも先生になら何かを言えるのではないのかと。

「つらかったね」と声をかけます。しばらく間をおいて子どもが何かを決心したように話し出してくれます。あるいは涙があふれて止まりません。鼻みずがいっぱい出ます。

「すきなだけ使っていいよ」。ティッシュを箱ごと渡します。

悩みのほとんどは対人関係

友人関係の悩みをもつのは圧倒的に女の子です。これまで親の前では、泣きたいという感情さえ押さえてきた子どもたちです。

【友だちは多いほうがいい】という、小学校に入ってから学校内で喧伝されつづける、あまりに無原則な価値観。さらに高学年になると追い打ちをかけるように、「そろそろ親友をつくりなさい」と先生に言われます。「友人と親友のちがいのあいだで揺れ動く、心やさしい子」や「ひとりでいることが好きな子」への想像力が、学校の現場にはあまりに欠けていると思うことがあります。

もちろん、勉強もむずかしくなってきます。先生に大人の不条理を重ねることもあるのかもしれません。そこから勉強や先生への悩みになることも何割かはありますが、小学校の間は決してまだ多くはありません。
これらの面接の時、子どもからポツリと出てくることばを、子どもに見えるように紙に書き出すことはひとつのテクニックです。ことばは、一瞬で消えていきます。〈友だち〉、〈成績〉、〈仲間はずれ〉、そのことばが目の前に書かれていることで、次につづくことばを引き出してくれることがあります。

エピソード・1 食べることも体を動かすこともできなくなって、病院を受診した6年生の女の子です。

自分はもともとひとりでいるのが好きだし、人づきあいもあまりうまくない。でも、友だちをつくりなさいと言われて、つくろうとしたけど、すごく自分でも無理をして、気をつかって、学校が終わると疲れ果ててぐったりしてしまう。でも、誰にも言えなくて……。自分は友だちもつくれない子だと親に思われるくらいなら、私なんか、いないほうがいい。
涙でスカートを濡らしながら話してくれました。このことばは、誰に語られるはずだったのでしょうか。それとも本来、語られる必要さえなかったことばだったのでしょうか。

エピソード・2　食事がとれなくなり、体重もどんどん減って学校に行けなくなった5年生の女の子です。

5年生になって先生が、給食は好きなものどうしで食べていいよと言って、私は仲のいい子がいたのだけど、他の子に誘われて断れなくて、そこのグループに入ったけど……どうしてもなじめなくて。仲のいい子のグループにも戻れなくなって……どんどん教室に居場所がなくなって……でも誰にも相談できなくて……。今後のことを相談したくて先生に電話しました。「じゃ、明日からやめればいいですか」、それが先生からの返事でした。

2人とも、これまで誰にも言えずに、相談もできなくて、ついには食べることを犠牲にして、ある意味では命をかけてこの状況を回避しなければならなかったのです。教室の中に、これらの状況をつくり出すものは何なのでしょうか。

診療メモ

好きなものどうし

何げないひと言が生みだす不登校があります。その代表が【好きなものどうし】というひと言です。「明日のバス遠足は好きなものどうしで座っていいよ」、「修学旅行の部屋わりは好きなものどうしにします」、子どもたちの間から歓声がわき上がります。先生の目に、その歓声の中でひとりうつむいている子の姿は入りません。

数日後、「まだ決まっていない人はいませんか」、「B子ちゃんが、まだ決まっていません」、「じゃどこかB子ちゃんを入れてあげてください」、「えー、私たちのところは無理です」、「うちの班もいっぱいです」、「そこはもうひとり入れるんじゃないの」、「えー、ぜったい無理」。

B子の前でくりひろげられる争いに、B子は消え入りそうです。B子は、修学旅行後から、学校に行けなくなりました。先生には、クラスの全員が何の問題もなくグループになるという自信があったのでしょうか。その自信も結果への想像力のかけらもない一言がうみだした結果は、あまりに残酷です。

「先生は小学生の時、遠足のバスでひとりになってしまって、もうひとり残っていた男の子と1番後ろの席に座りました。その男の子は翌日から学校にきませんでした。好きな子とはいつでもお話できるから、今度の遠足はあいうえお順にします」。ある先生に聞いたお話です。この先生のことばに救われるのは、きっとこのクラスの全員なのだろうと思います。

答えは子どものそばにある

子どもたちは、うれしいときも、つらいときも、かならず何らかのサインを発しているはずです。クラスというのは、先生と子どもたちがおりなす、とても情緒的で有機的な空間です。その空間をどう形成していくかは、一先生の能力に帰する問題ではありません。

医師の世界では、患者さんが教科書であり、答えは患者さんのそばにあるとよく言います。小児科医も、病気の原因がはっきりしなかったり熱がなかなか下がらないと、ご家族への説明ができず、つい患者さんのそばに足が向きにくいことがあります。でも、そんな時こそ患者さんや親のそばにいることで、これをしなければとか、こうすれば少しでも楽になるのではないだろうかと見えることがあります。

答えは検査データではなく、患者さんのそばにあるのです。それと同じように、先生方が、ひとりひとりの子どもたちのそばにいられなければ、子どもの発する小さなサインや子どもがほんとうに必要としている答えは見つけられないかもしれません。

答えは職員室ではなく、子どものそばに、子どもたちの中にこそあるのだと思います。

小児科医は、子どもの命をあずかりますが、先生方は子どもの人生をあずかります。しかし、子どもの人生をあずかるには圧倒的に1クラスの子どもたちの数が多すぎるのです。先生の忙しさは、子どもに自分から先生のところへ行くのをためらわせます。まして、まだ物事の善悪やことがらの軽重を判断する自信などもてない子どもたちです。

外来に来た子どもたちは言います、「だって、先生いないもん」。

多くの心身症は、自分の気持ちをことばにすることができれば、半分は解決したと言えます。悲しいことは誰かに話せば半分になる、うれしいことは誰かに話せば2倍になるというのは本当だと思います。

それでも、人のせいではなく自分を責めている子どもにとっては、ことばにするのもつらいことです。これまでも誰にも言えずにきたことです。あるいは、それは言っても仕方のないことと心のどこかに閉じこめていたことかもしれません。そんなやっとの思いで、ことばにしてくれた子どもたちに対して、言えることは多くありません。

「よく話してくれたね」

「つらかったね」

「学校やクラスがきらいなわけじゃないのにね」

「ひとりでいる勇気が必要なときもあるかなー」

「友だちはつくるものじゃなくてできるものだと思うよ。ほんとに友だちができるのは、ずっとあと、高校生くらい。今は、たまたまクラスが同じになった仲間みたいなものかな」

また少し、体験談を入れます。「先生は、友だちはひとりしかいなかったけど、それで十分だったし。今もつきあっているのは高校生のときの友だちかな」。子どもは、ちょっと哀れむように私の顔を見ています。

いいのです、自分だけじゃない、もっとかわいそうな人がいるという思いほど、力になるものはありません。英語にはクラスメイトとフレンドという表現があるのに、英語よりはるかに語彙の多い日本語が、どちらも「友だち」という表現になってしまうのはいささか残念な気がします。英語のようにクラス仲間と友だちを使い分けるだけでも、気持ちが少しちがわないでしょうか。

確実な安心感を保証する

6年生の子は、食べることも体を動かすのもつらそうだったので入院させました。入院して、部屋をのぞいた最初のひと言は、満面の笑みで「超～、楽」でした。その笑顔と声は今でも忘れません。5年生の子は、各先生ごとのルールではなく学校の決まりごととして、給食は自分の席で食べるようルールが変わりました。そのあと無事に登校しています。

入院もルールの変更も、どちらも子どもにとって最善の方法だったかどうかはわかりません。でも、子どもに必要なことは、子どもがつらさをことばにできたとき、そのつらさに対して、【目に見える、具体的で、物理的で、確実な安心感】をすぐに保証してあげられることです。今すぐ保証することがむずかしければ、親も学校も先生も小児科医も、一方的な大人の倫理や押しつけではなく、これからどうすればいいかといっしょに考えてくれる存在であると、子どもに感じてもらうことです。

もちろん、自分の気持ちがまだ言い出せないとき、頭痛や倦怠感の訴え、朝起きられないという身体的な訴えがつづくときは、薬を処方しながら身体症状の調整をはかります。そしてまた、1週間後に受診します。

3

3回目以降の面接

悩みは男の子たちにもある

やはり、朝起きられません、頭痛や腹痛、倦怠感が好転しません。それは、朝起きられるようになる、痛みがなくなるということは、自分の体を犠牲にしてまで回避してきた状況に再び戻ることになるのですから、あたり前といえばあたり前です。心は動き出そうとしています。心は、動き出さなければと思っています。でも体は正直です。小学校高学年

という年令は、そんな心と体の分離がいちばん宙ぶらりんな時期であり、そのことを子どもに理解させるにも中途半端な時期です。

痛みの強さやだるさを客観的に測る器械はありません。同じ痛みやだるさでも、学校に行けると思うか、行けないと思うかは、どこで決まるのかなということを、また子どもといっしょに考えていきます。

「やっぱり、起きられないか」
「体のだるさも変わらないかな」
「朝の頭痛がひどくて行けそうにないのか」
「行かなくちゃと思うと、学校の何が気になるのかな」
「学校はただの建物だし、クラスか、友だちか、先生か、勉強か」
「ひとりで教室にいるのはやっぱりむずかしいか」
「いやなことするのは口だけか、手とか足とかでない」

「乱暴な子は、クラスに何人くらいいるの」

「勉強も少し心配になってきただろ」


悩みは女の子ばかりではありません。男の子も、男の子たちで悩みはあります。


「自分は静かに勉強したいのに、クラスの中がいつも騒がしくて勉強にならないので行ってもしかたがない。先生も何も言わない」

「うざいと思われるくらいなら行かないほうがまだいい」

「いくらひどくても休ませてもらえない」

「先生はあてにならない」

「親もただプレッシャーかけてくる」

「勉強は、まだだいじょうぶと思う」

聞いていると、それほど深刻にならなくてもいいかなと思うこともあります。それでも、子どもたちのこれらの思いをひっくりかえすのは容易ではありません。本当に体調が悪かったとき、あるいはストレスで実際に頭痛や腹痛がひどかったときに、「勇気を出して先生に言ったけど休ませてもらえなかった」などという記憶があると、登校することはなかなかむずかしくなります。

ある男の子から聞いた話です。授業がはじまってしばらくしてお腹が痛くなり、トイレに行きたいと先生に言いました。先生は休み時間に行かなかった理由を聞き、トイレに行くことについてクラス全員の了解をとりつけたそうです。よしんば、その子が常習犯としてクラス運営の型にはまったような対応が、さらに子どもの気持ちを追いつめているかもしれません。気の弱い子は、もはや言い出すことさえがまんするしかありません。

どれも、一発逆転の秘策は残念ながらありません。

子どもの力になるもの

週1回の通院をつづけます。その間にも担任の先生の訪問があったり、遠足などの行事があったり、放課後に相談室まで行ってみたり、友だちからの誘いや手紙が来たりします。クラスとのつながりはとても大切です。休みが長くなれば自分の居場所がもうなくなっているのではないだろうかという不安は誰でも感じます。たとえ訪問して会えなくても、先生にプリントや行事のお知らせを届けてもらうことは、今は学校に来られなくてもあなたはクラスの一員だよというメッセージを伝えるために不可欠です。また、体がつらいときはちゃんと保健室で休めること、養護の先生も理解してくれていること、教室に入れるようになるまで相談室なども使えることなどをはっきり伝えます。

小児科の外来では、

・友だちはつくるものではなく、いつかできるものであること

・大人にもいろんな大人がいること
・ひとりでいる勇気が必要なときもあること
・勉強は自分のためではなく人のためにするということ
・親を悲しませたくないから登校することも立派な理由であること
・先生方は必ず待っていてくれること

などを懲りることなく話します。

でも、最後に子どもたちの動き出す力になるのは、私のことばはもちろんのこと、先生や親のことばではなく、友だちのことばによるところが大きいという経験を何度もしました。子どもたちにとって、勉強をするのは自分のためでも親のためでもなく「人から必要とされる存在になるためだよ」、というほうが受け入れやすいように、子どもたちにとって、友だちの存在が大きな力になるのは、少しでも「お互いに必要とし合えた」という感覚からなのだと思います。

もとより子どもは、自信に満ちあふれた存在ではありません。むしろ無力で、劣等感ばかりで、この集団の中でなんとか自分の意味をみつけようともがいている存在です。そんな時にわずかでも力になってくれるのは、「人から必要とされるという感覚」なのではないでしょうか。

自分なんかいないほうがいい、自分なんかなんのとりえもない、と感じている子に、勉強するのはあなたのためですよとか、友だちを多くつくることが将来君のためになるよとか、学校に来ないとちゃんとした大人になれないよとか言われても、心にひびくことはないでしょう。むしろ、先生は君とこんな話をしたい、クラスの子がひとりいないのはさみしい。困っていることがあればいっしょに考えたい。学校で学ぶことや勉強は、ほんの少しでも人の役に立つことができればいいからかな、と伝えることが登校への気持ちをうながしてくれるのだと思います。

ある6年生の男の子は、学校の勉強なんか役に立たないしゲームプログラマーになると言って、不登校から昼夜逆転になり入院しました。それは、おそらく現実からの回避であったかもしれません。入院したある日、勉強は何のためにすると思うか聞いてみました。

男の子はうんざりした顔で、「自分のためだろ」と答えました。私は、「ちがうよ、人のためだよ」と言うと、はじめて聞くようにびっくりしています。「地理でも歴史でもちゃんと知らないと、本当に人が必要とするようなゲームはつくれないんじゃないかな」。そんな会話をかわしながら、その子は学校に戻っていきました。ゲームプログラマーになりたいという本人の思いをいっしょに考えれば、決して特別な会話ではありません。

診療メモ

男子に効く胃カメラ療法

小学校3年生から5年生くらいまで使える期間限定の治療法です。とくに男子に効果があります。

朝になるとお腹が痛い、いつ痛くなるかと不安で学校に行けません。でも、外来の様子を見ているとあまり重症感もなく、一向に痩せる気配もありません。いじめなどの大きな問題もなさそうです。血液検査や腹部エコーの検査をしながら、一般的な整腸剤や制酸剤を処方します。

1週間後、「どう、少しよくなった?」、「ぜんぜん、かわらない」、「そうか、じゃ寝る前のお薬も出すか、これで楽になると思うけど」、「……」。

さらに1週間後、「どう、ちょっと楽になっただろ」、「うん、少しだけだけど」、「そうか、もうちょっとつづければ大丈夫だ」、「うん」。

さらに1週間後、「もうだいぶ治ってきたか」、「最近また痛いのがひどい」、「おかしいな、これで治らなかったら胃カメラだな」、「……」。

その1週間後、「どう、胃カメラしないとだめかな」、「しないでいいと思う、だいぶ治った」、「そうか、胃カメラいやで言ってるんじゃないの」、「ほんとに良くなってきた」、「良かった、良かった」。

この時期、まだ勉強は大きな問題ではないとはいえ、学習空白はかならず二次的な不安につながります。休めば休むほど行きにくくなるのは、会社と同じです。

授業は受けられなくても、職場体験や修学旅行などは行けることがあります。それは、成績や勉強のプライドに関与しないからだと思います。その時に、クラスの子と関わりがもてますが、かならずしも登校にはつながりません。それでも、もし計画の時間などから参加できれば、クラスや学校の雰囲気にふれることができます。それを外来で話題にすることで、学校に行けたことや教室に入れたこと、友だちと話したことを、登校への気持ちを見つめ直すきっかけにすることはできます。

夏休みや冬休みなどの休み明けが、登校のきっかけになることはよくあります。誰でも途中からは行きにくいものですし、行きやすいタイミングはみんなも学校を休んでいたあとかもしれません。新学期いいスタートがきれるように、子どもが行きやすくなる条件があれば、とにかくそれに向かって条件を整えます。明日のことではなく、「3学期はどうしよう」、「5年生はどうする。このまま過ぎていくのもつらいなあ」と、少し目線を先に移すことで、「行けると思う」とか「行けるような気がする」とか、前向きなことばを引き出すことも大切です。もし、同じクラスになりたくない子や、受け持ってほしくない先生がいれば、大きな支障がないかぎり希望を叶えるようにしてもらいます。それで学校に行けるなら大したことではありません。

保健室までは行けるのに、教室には入れない子はたくさんいます。ブランクが長くなればなるほど教室の敷居が高くなることは仕方がありません。そんなとき、相談室や別室への登校を考えると同じように、どうにかして教室の敷居を低くする方法がないかを子どもといっしょに徹底的に考えてみてほしいのです。

教室でみんなと同じように〈ふつう〉に過ごしたいというのは、子どもにとって普遍的な想いではないでしょうか。どんな作戦でもかまいません。例えば、つらいときは手をあげてすぐ外に出られる教室のいちばん後ろの出口に近い席にすることで、5分でも教室にいられる可能性がつくれるなら、それが最優先事項です。相談室でひとりポツンと過ごす子どもの姿が、とりあえず学校に来ることだけを優先した結果でないことを願います。

大切なことは、子どもがどうしたいのか、どうすれば教室に入れるのか、先生の前の席と一番後の席のどちらが入りやすいのか、徹底的な希望の聴取です。もちろん、叶えられる希望ばかりではありません。でも、子どもの気持ちや希望に反したことをしながらうまくいくことは絶対にありません。

どうすればそれに近づけるのか、なぜそれは叶えることがむずかしいのか、それ以外の選択肢はないのか、学校の先生にもいっしょになってもらい、それを子どもといっしょに考えつづけることが、その後の面接のすべてです。

少しずつ前向きになり、表情も明るくなり、学校の話をしてくれるようになった子どもたちは、だんだん病院に来なくなります。「僕、もう来ないでもいいだろ」、「えー、先生に会いたくないのか」という会話ができることが、最高のよろこびです。

●〈子ども力〉を考える

〈子ども力〉というものがあるとすれば、それは「失敗を恐れない、何にでもチャレンジしてみたいと思う力」だと思います。

「理由を聞いてもらえる」、「頭から否定されない」、「注目されている」、「そばにいてもらえる」、「ほめてもらえる」、「必要とされる」、「感謝される」、それが子どもたちのまわりにあれば、子どもたちは安心して踏み出すことができます。

そして、誰かに認められているという安心感があれば、ほかの子の気持ちを思いやれたり、うまくいかなくて落ち込みそうなときでも、がんばれたりするかもしれません。そんな子どものすがたを見ることが、子育ての楽しみであり、しあわせなのだと思います。

「子育てが楽しくなる魔法教えます」（ぶどう社）上野良樹著より

3章 中学生

無用のストレスが子どものエネルギーを奪う

小児科医にとってはやはり不登校といえば、中学生が圧倒的に多数を占めます。中学校で不登校が多い理由は、この年代の心理的な発達段階と中学校という環境が生み出すあつれきの中にあることは、間違いのないことだと思います。

自己承認や自己実現の心理的欲求が、対人関係、いじめ、勉強、成績、部活、先生、家族などとの関係の中で、時に強いストレスを生じさせます。もちろんそれらのストレスの多くは、子どもたちが成長していくために必要であり、乗り越えなければいけない壁なのだと思います。

ただ、今の中学生の子どもたちが抱える問題は、ストレスがあることではなく、必要以上にそれらのストレスを感じなければいけない状況があるということだと思います。必要以上の、あるいは本来無用であるべきストレスであるほど、それは子どものエネルギーを確実に奪っていきます。

それでも、行くための学校はあっても、行かないための学校がないように、不登校になりたくてなる子はいません。そのことを心にとめながら中学生の子どもたちの話を聞きたいと思います。あなたの子どもも、ある日の朝突然、学校に行きたくないと言うかもしれません。その時は……

診療メモ

朝、学校に行きたくないと言ったらどうしますか?

突然ですが、昨日まで普通に学校に行っていた子どもが、朝、「学校に行きたくない」と言ったらどうしますか。お父さんは夜勤で不在です、お母さんももう仕事に出かけなければなりません。

1、この忙しい時に何バカなことを言ってるの、さっさと行きなさい
2、あら、お母さんも行きたくなかったの、会社に電話して休もうっと
3、ごめんね、今聞いてる時間ないの、帰ったらかならず聞くからいっしょに出られる

子どもの居場所は決して多くはありません。大きくいえば家庭と学校だけでしょう。学校や教室に居場所がないと感じる瞬間は、どんな子たちにもあると思います。そのとき、子どもたちにとって家庭が安心できる場所になれるかどうかは、

とても大切なことです。

1は、その大切な居場所を失くしてしまいます。家庭でも学校でも安心して過ごせなければ、子どもはいっきに居場所を失います。今過ごせる場所がなくて、朝起きて行ける場所がないことほど、人を不安にするものはありません。

朝、急に子どもが学校に行きたくないと言ったら、こう思ってください。「急に家にいたくないと言い出さなくて良かった。とりあえず子育ては間違っていないだろう。これには何かやむを得ない深いわけがあるはずだ」。

もう大人は忘れたかもしれませんが、無条件に自分のことを愛してくれる人のそばほど、安心できる居場所はないのです。

1

初回の面接

初回面接の前に

心と体の分離は、中学生になればさらに進みます。これまでの園児や小学生とは異なり、身体症状を真正面に訴えることは少なくなり、だるくて朝起きられない、あるいは無気力やうつ傾向としか言いようのない、精神症状に近い状態になることもあります。

それが不登校と判断されれば、無理に登校刺激を与えてはいけない、エネルギーがたまってきて子どもが動き出せるようになるまで待ちましょうという、従来の処方せんが使われることになります。結果として、小児科の外来につれて来られる時には、小学生高学年よりさらに期間が経過している例が多くなります。

また、気分障害や適応障害が強く前面に出てしまい、精神科の受診をしようと考えてもなかなか予約がとれず、小児科に受診するケースも少なくありません。精神科の予約をなんとか入れても3カ月先ですと言われると、子どもは動き出すきっかけを逃してしまいます。中には、本人が受診しないと診察してもらえない精神科もあります。もうひとつ、今でも精神科のハードルは決して低くはありません。親もそうですが、子どもにとっても「自分は精神科を受診するような病気なのか」と不安を強めたり、親子の信頼関係を損ねてしまうと、その後の受診拒否につながることもあります。

本人がどうしても受診できない場合、まず親だけでも相談にみえることはとても重要なことです。お話を聞きます、そしてお子さんにありのままに伝えてもらいます。あなたのことが心配だから小児科の先生に相談に行ってきたこと、先生が直接話を聞きたいと言っていたこと、これからのことをいっしょに考えたいと言っていたこと、優しそうな先生であること、とにかく顔を見なければ何もはじまりません。親もまた、昏迷の中にあります。

●まずは部活の話から

長い時間を経過して、やっと診察室に入ってきてくれる中学生の子たちの足取りはかぎりなく重く、うつむいた顔は髪の毛でほとんど見えません。エネルギーが満ちてくるどころかガス欠寸前です。こちらまで暗くはなっていられません。なんとしても笑顔にしなければ。普段の診察のようにさりげなくはじめます。

「何中学ですか」
「何年何組ですか」
「どうしてブラスに入ったの」

「何、吹いているの」
「ホルンか、むずかしい楽器だね、希望したの」
「パーカスは動き回って大変だろ」
「先輩はやさしくしてくれる」
「美術部か、はじめは何部に入ったの」

基本的に、中学生は部活の話から入ります。部活動は不登校の原因というより、きっかけになることがとても多いからです。

私の経験から言うと、不登校の中学生の女子の9割はブラスバンド部です。中学の部活の数はとても少なく選択肢が限られます。運動部系が無理だと文化系はブラスバンド部か美術部くらいしかありません。中には、運動部以外は家庭部しかないという中学校さえもあります。無理をしてでも運動部に入らないと、家庭部に入るだけで「闇系」の烙印が押されてしまいます。一方、ブラスバンド部は、文化部でほぼ独占状態です。決して吹奏楽が人気絶大なのではありません。それしか選択肢がない場合がほとんどなのです。どうしても人数が多くなる分、上下関係や同学年どうしの関係も多少複雑になります。基本的に練習は毎日あり、休みはほとんどありません。希望した楽器になれないこともあるでしょう。伝統校や強豪校といわれる中学校では、先生の指導にも力が入ります。

しかし、限られた部活の中から選ぶしかないとすれば、どうしても自分の気持ちとすれちがうことも多くならざるを得ないでしょう。なかなか上達しなくて周りに迷惑をかけてしまう、毎日の練習で疲れてしまって宿題がこなせなくなる、部活のあり方や顧問の指導方法に疑問を感じる、がんばってつづけようと思えば思うほど、気持ちはすれちがっていきます。こうして部活動に行くことが徐々に強いストレスになってきます。ときには、学校に行けないという状況をつくることで、ストレスを回避するしかないこともあります。

というわけで、不登校の中学生の女子に、「どうしてブラスに入ったの」と聞けば9割は当たります。子どもが、「え、なんでわかったの」という顔をしたら、つかみはＯＫです。ただ、つかんだ以上多少の吹奏楽の知識があるにこしたことはありません。サックスやクラリネットにはいくつか種類があること、ホルンは後ろ向きに音が出ること、コンクールの他にアンサンブルコンテストがあることなどを披露しなければ、つかみ倒れになります。

もし、美術部とか家庭部と答えたら、ほぼ転部しています。さりげなく「はじめは何部に入ったの」と聞けば、つかみと同時に転部した時期や経緯があきらかになります。男子の場合は、ブラスバンド部には入りづらいので運動系でいうと剣道部とかバスケット部が多いような印象はありますが、もちろん当てることが目的ではありません。「部活は何」、「なんでその部活にしたの」、「部活は楽しい?」と素直に聞きます。

もちろん、ブラスバンド部も含めて、他の部の名誉のために言わなければなりませんが、大部分の生徒は、みんなでひとつの音楽をつくりあげる喜びを知ったり、信頼できる先生に出会ったり、様々な活動や経験を通して成長していくのだと思います。

それでも、部活でつまずいて学校に行けなくなり、小児科の外来をおとずれる子どもたちもまた、決して特別であるとは思いません。

●対等のパートナーに

ことばは小学校までのですます調ではなく、くだけた感じになります。親近感を出すことで話しやすい雰囲気にします。「ひとりで話せるかな」と聞いて、うなずいてくれれば初回から子どもだけにします。中学生ともなれば、これからいっしょに病気と闘う立派な1個の人格です。どんな病気でも私は、医者と患者は病気と闘っていくうえでの対等のパートナーであると思います。

「いろいろ大変だったね」
「つらかっただろ」
「夜、寝られるのか」
「朝は何時ごろに起きられる」

「家にいるのも楽じゃないだろ」

この辺で少し顔が見えてきます。目が合ったところで、とりあえず診察を開始します。

「頭は痛くないか」
「お腹はどう」
「下痢とかしやすくない」
「めまいとか立ちくらみはある」
「学校でひどくなったときはどうしてたの」
「血圧高いな、ちょっと緊張してる」
「貧血とかないか採血してもいいかな」

血圧を測って、採血して、必要なら腹部のX線写真を撮って終了です。初診の場合の家族からの事情聴取は、小学校高学年の時と同じで、あまり時間が長くならないようにします。基本はやはり、子どもが次に来やすいようにすることです。

親も話を聞いてくれる人が必要

家族の方もお話したいことはたくさんあると思います。必要なら子どもの診察とは別に、昼休みや夕方などの診療時間のあとに来ていただきます。家族の方のストレスへの対応も、またとても大切です。

家族のストレスは、同時に子のストレスです。自分の子にどう声をかければいいのか、朝起きてこないときにどうすればいいのか、このまま様子を見ればいいのか、考えれば考えるほど悩みは深くなります。親のほうがうつ状態になってしまい、精神科に受診されていることも少なくありません。親も気持ちをはき出せる場所、話を聞いてくれる人、いっしょにこれからのことを考えてくれる人が、必要であることは言うまでもありません。

また、家族は学校や先生の不登校への対応に対して、あまり良い印象をもっていないことが多くあります。逆に、お家の方の話を聞くだけでも、毎日のように家庭訪問されたり、朝家まで迎えに来られたり、本当によくそこまでされていると感心させられる先生もたくさんおられます。話の内容によっては、「こちらから学校に連絡をとらせてもらいますが、いいですか」とお願いし、両方から情報を得なければならないこともあります。どちらか一方に組みすることは、決して子どものためにはなりません。

方法や手段はどうであれ、子どものためを思わない先生や親はいないはずです。特に、子どもの前で親が学校への不信感を出すことは、逆に子どもから動き出そうとするきっかけを奪ってしまいます。

朝起きれない気持ちを軽くする

初回はまず、睡眠のリズムや生活のリズムを作ることにしぼります。これができていないと、いざ動き出そうと思っても動き出せません。

「貧血はなさそうだけど、この血圧では朝起きられなくても仕方がないかな」
「まず睡眠のリズムを作らないと」
「血圧の薬は頭痛の予防にもなるから」
「どんな病気だって予防が大事、痛くなりながらは治っていかない」
「学校のことはそれから考えよう」
「お腹は第2の脳といって神経が多くて一番ストレスがかかるところ、ことばにできないことを、代わりに—マジ無理—って言ってくれてるのかな」
「まず薬で少し楽になるかどうかみてみよう」
「また来週きてね」

最後に、「何か聞きたいことはないですか」と聞いて、お家の方とかかわります。このくらいで初回面接は終了です。

とにかく朝起きられないのですから早く寝て睡眠時間を確保するしかありません。薬はあまり使いたくありませんが、眠剤を少なめに半分ほど処方します。低血圧など、起立性調節障害の傾向があるようでしたら、血圧の薬や自律神経調整薬を処方します。いずれも、薬を出すことで子どもの面目を保つこと、寝るタイミング、起きるタイミングのイベントを作ることが第一の目的です。もちろん、体と心を一度に楽にできればいいのですが、まずは体に表れる症状への対応からはじめることになります。

子どもたちは、見かけはどうであれ、起きられない自分をかならず責めています。その思いを薬を処方することで少しだけでも軽くできれば、行動しやすくなると思います。何時に寝て、何時に起きたかをグラフにして1週間後に持ってきてもらいます。

腹痛に関しては、急性胃炎や過敏性腸症候群として内服を処方します。最近はインターネットのおかげで、起立性調節障害とか過敏性腸症候群という病名も一般的になり、違和感なく受け入れてもらえます。

1週間後の予約をカレンダーに書き入れる

家の人もまだまだ話し足りないと思いますが、次のようにお話しして初回面接は終了します。「ひさしぶりに外に出て緊張するし、とても疲れていると思うので今日はここまでにします。また来週来てください。家に帰ったら、先生が病院に来てくれて喜んでいたとだけ本人に伝えてください」。

また、子どもがまだ動き出せずに、ご両親だけ先に相談に見えたときは、先生が直接話したいと言っていたことは伝えてもらいますが、本人が来られても来られなくても1週間後の予約は入れます。子どもが動き出せるまで、お母さんだけでも外来に来ていただき、帰ったら子どもに伝えてもらいます。あなたのことを相談に行ってきたこと、先生が直接話をしたがっていたこと。そして、カレンダーに子どもの目に入るように予約の日を書き入れます。次の予約の日がきたら、今から小児科に行ってくることを子どもに伝えてから来てもらいます。これを子どものほうが根負けして、「そこまでいうなら1回行ってやろうか」と思ってくれるまでつづけます。

中学生になると、「自分が学校に行けないのは、病院に行くようなことではない」と思っている子もいます。そんなときは、何か体の症状を訴えた時がチャンスです。頭痛でも、腹痛でも、微熱でも、咳でもなんでもかまいません。病気なら病院にいくのは当たり前です。「あら大変、病院に行かなくちゃ」という感じで連れて来るようにお願いしておきます。これができるのが小児科のメリットです。

診療メモ

ガス型過敏性腸症候群の秘策

過敏性腸症候群は一般的に、下痢型、便秘型、混合型に分類され薬物療法が行われます。そしてもうひとつ、「ガスが溜まってお腹が張る」、「おならの臭いが気になる」というガス型というのがあります。結果的に、教室に入れない、集会に出られないという訴えになるので、不安障害や対人恐怖の色合いが濃くなります。家の人がいくら臭くないといっても、効果はありません。薬物療法も効果はうすく、認知行動療法もおならの臭いには分が悪いようです。このように治療は難渋しますが、実はとっておきの方法があります。

おならの臭いを消してしまうのです。おならが出るのはもちろん健康な証拠、とりあえずガスコンといういかにもガスが減りそうな薬を処方し、さらにシャンピニオンエキスを飲んでもらいます。シャンピニオンエキスはマッシュルームから抽出したエキスで、健康食品として通販で手軽に買えます。口臭を消すというのがうたい文句ですが、便の臭いも消えます。

「これを飲めばおならの臭いは消えるから、あとは音だけなんとかごまかしてね」、まず目の前に立ちふさがる不安を取り除かなければ次へ進めません。本人は、なんとなくキツネにつままれたような顔をしていますが、その間に対人関係へのアプローチが可能になります。誰がなんと言おうと、臭わないのですから。

2

2回目の面接

ポジティブなことばが第一歩に

前回の初診時にひとりで面接ができなかった子は、もう一度ひとりで入れるか聞きます。ふたりで話したいということもありますが、分離面接のほうが子どもの姿がよく見えます。親の前ではひとことも話さなかった子が、せきを切ったように話しはじめてくれたり、親が何か話すたびに、「うるさい」、「だまれ」と反抗していた子が、とても素直に自分の

ことを教えてくれたりします。「つらかっただろ」と声をかけるだけで泣き出す子もいます、あとで家の人に聞くと、「人前で泣いたのははじめてです」と言われます。泣くという感情さえ閉じ込めるしかなかったのでしょう。

初回よりは、少し顔をあげて椅子に座ってくれます。睡眠グラフは、まあまあ書いてきてくれますが、親まかせだったり、書いたけど忘れたとなかなか持ってこない子もいます。

「あれ、グラフは」

「お、グラフ書いてきてくれたんだ」

「少しは、寝やすくなったか」

「朝つらいのは、変わらないかな」

「でも、これまでよりは早く起きれたんだね」

「薬はなんとか飲めた」

「この前より、ちょっといい顔になったかな」

「お腹の痛みはどうですか」
「少しでも楽になってくれるとうれしいんだけど」
「頭痛はどう、痛み止めは効いた」
「めまいや立ちくらみはどうなった」

ここでは、「まだひどいだろ」、「1週間くらいじゃ楽になるはずはないよね」、というニュアンスで聞くのがポイントです。やっぱり子どものほうから、「少し楽になった気がする」、「ちょっと寝やすかった」という少しでもポジティブなことばを口にしてほしいからです。

ポジティブなことばは、子どもの気持ちに共感することでしか出ません。そしてポジティブなことばは、言っている子ども自身を元気にしてくれます。これがエネルギー補充の第一歩です。

朝起きられれば学校に行けるわけではない

しかし、一度ずれた睡眠相はなかなか簡単には戻りません。お母さん方からも、昼夜逆転はどうすれば直るのですかとよく聞かれます。当たり前のことですが、朝起きられないから学校に行けないのではありません。どうしても学校に行くことに気持ちが向けられないから起きられないのです。朝起きられれば学校に行けると思うのは、子どものつらさを理解していないのと同じです。

みんなが学校に行っている時間に家にいて、その時間を起きて過ごすことは、とても苦しいことです。家にいるだけでもつらいのに、「自分だけ学校に行けていない、今ごろみんなは勉強しているだろう、自分さえ行けば親にもこんなに心配させなくてすむのに」。そんな思いに無理やり蓋をすることはできません。ひたすら眠りに落ちるしか、精神のバランスを保つことはできないのだろうと思います。夜になると元気に見えるのは、誰もが家にいるのが普通の時間だからです。
それでも、今はまだ学校に行けないとしても、睡眠のリズムを整えることは大切です。昼夜逆転を解消するのは、あくまで子どもがいずれ動き出せるための最低条件だからです。

不安やストレスを探る

その最低条件を手当てしながら、同時に、そこまで子どもを追い込んでいるつらさや不安にいっしょに向き合ったり、いっしょに考えたり、不思議がったりすることが2回目の面接の重要な部分になります。それを子どもといっしょにたぐっていくことがなければ、決して登校できるようにはなりません。

「前の日の夜は、明日は行こうと思うんだね」
「ちゃんと寝られたら、起きられそう」

「途中から行くのは、ダメなほうか」
「朝起きて、行けるか行けないかは何で決まるのかな」
「朝起きたら、もう頭が痛いのか」
「イライラすることはある」
「行こうと思うと、いちばん気になることは何かな」

学校に行くことによって直面するであろう不安やストレスを、身をもって回避しているのですから、1週間やそこらで起きられるようになれたり、腹痛や頭痛がなくなるわけがありません。不安やストレスの中身を口に出せることが治療の第一歩ですが、ことばにすることは自分がどう思われるかとの葛藤との闘いでもあります。あるいは、不安やストレスがもやもやと心の中を占めているものの、ことばとして表現するだけの形を成していないこともあります。

とにかく、〈学校に行くこと〉が無理という一点から、一歩も動けない子も少なくありません。そんなときは、〈学校に行く〉ということを分解し、ひとつずつ解きほぐします。


「学校っていっても、ただの建物だし」

「教室の中にあるものといえば」

「友だち、先生、勉強、あとは部活かな」

「いじめとかは、本当にない」

「ストレス解消法は何かな」

「いまのところ、ぜんぜん行けそうな気はしないか」

「熱なら測れるけど、痛みって測れないし。同じ痛みでも行けると思うか、行けないと思うかどこで決まるのかな」


子どもに質問しながら、ちょっとした表情の動きを感じたり、今にも言い出せそうに見えることがありますが、2回会ったくらいでまだ正体のよくわからない小児科の先生に言えるくらいなら、無論不登校になどなりません。

口に出すのはむずかしい

次の手段です。指を立てていちばん気になることは何かなと、親指から順番に、友だち、先生、勉強、部活、その他、どれかなと選ばせてみます。ことばには出せなくても、指をさして選ぶことならけっこうできます。選んでくれれば、少しでも話が展開しやすくなります。

その他を選ばれると、「うーん、その他かあ、他に何があるだろう、いじめはないって言ってたし……」と内心の動揺を隠します。とりあえず、「友だち、先生、勉強、部活じゃないんだね」と確認します。この質問にはっきりうなずいてくれれば、ほぼ除外してもいいでしょう。少なくとも、その部分に関するあきらかな悩みや問題はないと考えます。微妙な反応のときは、一時保留です。

もし本当に子どもが〈その他〉を選ぶときは、漠然とした不安であったり、みるからに心のエネルギーが枯渇していると感じる子が多い気がします。きょうだいの不登校や、家庭内の不和や両親の離婚、家族の病気など、他の人にはなかなか言えなくて、考えれば考えるほど不安になり、先のこともまったく見えない状況がつづいていることが隠れていることもあります。ある日突然リストラされて、公園で一日過ごしている大人と同じ状態です。安心できる居場所も、朝起きて行ける場所も、今後の展望もなければ、ことばにする気力もないかもしれません。

子どもが大人に望むこと

もちろん、本人が否定したとしても、その他の中には、まだいじめの可能性は残っています。最近は、学校現場でもいじめアンケートを定期的に実施したりして、いじめへの認識が高くなっています。いじめがあきらかな場合は、すでに学校で対応されているので、いじめそのものの解決を目的に小児科を受診することはありません。このように、いじめへの認知度が上がったせいで周囲も本人もそれを認めることへのハードルはだいぶ下がったように思いますが、やはり口には出せない場合があると思います。

どうしてもいじめのことを誰にも言えないとき、あるいは勇気を出して先生に訴えてみたけど状況が変わらなかったとき、先生がいじめを目にしているはずなのに守ってくれなかったとき、学校に行くこと自体を回避せざるを得ないことがあります。残念ながら、それが子どもたちが自分で選択し得る最も物理的に確実な方法だからです。

何らかの理由でそれもできないときに自殺という手段が選ばれるのかもしれません。しかし、自殺は、子どもが自ら選んだ死ではありません。子どもにとって、それは選ばされた死であることを周りの大人たちは決して忘れてはいけないと思います。

一方、いじめを先生に訴えたときに当事者同士を呼んで、いじめたほうに謝らせるという対応が中学校でも行われることは少なくありません。当事者同士を呼んで、「ふたりで話し合え」と言われた子さえいます。結果はあきらかです。いじめは陰にかくれ、より陰湿になるだけです。せっかく勇気を出して訴えても、先生があてにならないと感じてしまうことは子どもたちの口を重く閉ざしていきます。それは、学校はあてにならない、大人はあてにならない、世の中はあてにならないという大きな不信へとつながります。

また、いじめとは少し異なりますが、先生や部活の顧問などからの心ないことばが、子どもの心を押しつぶしてしまうことがあります。先生も人間です。感情的になったり、誤解から発することばもあるだろうと思います。でも、先生や顧問に反論するには、中学生といえども、まだその力関係には圧倒的な差があります。最終的に学校がその誤りを認め、先生に謝罪をさせるという話もよく耳にします。ただ、大人がまして先生が子どもに謝罪をしたとして、それは子どもの心を重くはしても、軽くすることはむずかしいのではないでしょうか。

子どもたちが望んでいるのは、大人からの謝罪ではなく、これからどうすればいいのかをいっしょに考えてくれることです。

「そうか、クラスの雰囲気悪いんだ」
「ひとりでいるのは、やっぱりきついか」
「他の子が怒られていても、人の怒鳴り声って胸がつらくなるね」
「部活やめたいと思ったことあるの」
「やめられるものなら、やめたい」
「学校に行くと、部活に来なさいって声かけられるだろ」
「勉強が好きで学校に行く子は、ほとんどいないと思うけど」
「とくに苦手な科目とかある、好きな科目は」
「つらいとき、ちゃんと保健室で休めるの」
「嫌なこと言われるの、暴力とかはないの」

●自分を犠牲にする子どもたち

そろそろ時間もいっぱいですが、初回面接から1週間を過ごし、2回目の面接に覚悟をしてくる子もいます。他の患者さんには申しわけありませんが、時間延長もやむをえません。子どもが話しはじめるのを、しばらく黙って待ちます。

エピソード・1

B子は、小さいころからバイオリンを習っていました。でも、中学校に入り部活もやりたくてテニス部に入りました。顧問には、バイオリンのレッスンや発表会があるので練習に出られないこともあるかもしれないけど、入部できるかどうかたずね、「なんの問題もありません、だいじょうぶですよ」と言われました。ところが、大会の前になり練習に行かれない日が増えてくると、他のメンバーから陰口が出てきます。それでもなんとか頑張ってつづけていましたが、大会に参加するメンバーのことでもめて、顧問に相談しました。顧問はこう言ったそうです、「お前だけラクしてるから仕方ないだろ」。

B子は私に言いました、「でも、せっかく入った部活だからやめたくない」。

エピソード・2

C子は、ごく軽度の学習障害がありましたが、明るくてみんなにかわいがられていました。中学の部活は全入制なので、ブラスバンド部に入りました。C子の中学のブラスバンド部は県内でも指折りで、全国大会の常連校でした。部員も毎年何十人も入ります。C子も楽譜を読むのが苦手でしたが、一生懸命練習しました。大会も近づいてきたある日、部活に行ったC子は、「お前が来るとみんなの迷惑になるから来なくていい」と顧問に言われました。その部活にすれば、ひとりやふたり落ちこぼれることなど関係ないのかもしれません、C子の悲しみさえ考えなければ。

C子は言いました、「がんばってみたけど、どうしても楽譜読めない」。

エピソード・3

D君は、少し吃音《きつおん》があり、他の子から話しかけられたときにすぐに返事ができないという特徴がありました。小学校のときは、周りの子もよく理解してくれていたので何も問題はありませんでした。このことは中学校にも申し送られていたと思います。もともと友だちがとても好きな子なので、休み時間に友だちが集まっていると仲間に入っていきました。でも、他の中学の子もいて、返事ができずにいるとだんだん仲間はずれになっていくようになりました。さらに、「障害、障害」とからかわれるようになり、D君は担任の先生に思い切って相談しました。先生の答えはこうでした。「すぐに返事をしないお前が悪い」。

D君は言います、「なんでみんな、おれのことショウガイって呼ぶんだろ」。

エピソード・4

E子は、もともとひとりでいるのが好きでした。休み時間も自分の好きな本を読んでいるのがいちばん楽しいことです。でも、ひとりで本を読んでいると何人かの女の子が、自分の方を指さして笑っているのが見えました。気にはしないようにしていましたが、段々エスカレートして、本を読んでいるとわざわざ机にぶつかったりするようになりました。休み時間が近づくと、お腹が痛くなり保健室に行きました。体温を測り異常がなければ、教室に戻るように言われます。先生に相談したら、「自分から話しかけるようにしたら」と言われました。勉強は嫌いではありません。でも休み時間のことを考えると玄関で足は動かなくなるのです。

E子は言いました、「最近、買い物とか行っても周りの目が気になるようになってきた。私って変なのかな」。

エピソード・5

F男は、夏休みの終わりごろから頭痛、腹痛がひどくなり、登校できない日がつづき紹介されて来ました。みるからに気は優しくて力持ちというタイプです。部活の先輩にもとてもかわいがられていました。何回か通院するうちにポツポツと話してくれました。クラスがうるさくて先生の声もほとんど聞こえないこと、先生に言っても変わらなかったこと、小学校の時に先生にいじめの疑いをかけられて、あとで「先生の妄想だった」と言われたこと、体育の先生の怒鳴る声がとても嫌なこと、ねたみから部活の同級生に仲間はずれにされたこと。どんなに体のつらいときも、人前に出ると何も言えなくなってしまいました。

F男は外来でも「まだ痛いか」という問いに、うなだれたまま小さくうなずくだけです。

ここにあげたエピソードは極端な例かもしれません。でもどの子も人のせいにしたり、誰かを責めているわけではありません。むしろそのことばは、自分のふがいなさに向けられています。

部活や勉強、友人関係のストレスは、中学という集団生活の中ではやむを得ないものだと思います。生きていくうえでは、それを乗り越える力をつけることもまた必要であると思います。でも、学校に行けなくなり外来に来る子どもたちに共通しているのは、いじめや人間関係であれ、勉強であれ、先生であれ、必要以上の、時には理不尽とさえ思えるストレスにさらされ気力やパワーを枯渇させていく姿です。

私には、その小児科の外来に来る子どもたちの後ろに、不安や悩みを抱えながら、今この時も必死にがんばって登校をつづけている、何倍も多くの子どもたちの姿がある気がしてなりません。むしろ、そのことを伝えるために自分の日常を犠牲にして、〈不登校〉の子どもたちが小児科の外来に来ているとしたら、私にできることは何なのでしょうか。

共感する

さて、この状況から子どもを笑顔にするのは至難のわざです。学校や先生には申しわけありませんが、ここはとりあえず悪者になっていただくしかありません。いっしょに誰かの悪口を言い合うという究極の作戦を選択することになります。

「えー、そりゃひどいな」

「よくがまんしたね、先生だったら切れまくっているよ」

「それで何のフォローもないの、信じがたいな」
「いい勉強したとしか言いようがないね、大人にもいろんな大人がいるってことだね」
「その年だともう大人は変われないんだよ」
「自分は変えられるけど」
「人と折り合いつけるって、結局自分と折り合いつけることなんだよ」

大人でもそうですが、本当に体がつらいときや気持ちがつらいとき、その状態を人に説明することは決して楽な作業ではありません。子どもがつらそうにしているとき、いつもと様子がちがうとき、先生のほうから「だいじょうぶか」と子どもにひと言でも寄り添うことができれば、「自分のことを見ていてくれた」と子どもは思います。それだけで子どもはうれしくてパワーが得られます。逆に、ひとかけらの共感もないことばや対応から生まれる、「見捨てられた」という感覚ほど、子どもからパワーを奪うものはありません。

避難場所を失った子どもたち

それは、今の中学校の保健室の状況にも表れています。以前は、学校で教室以外に子どもが過ごすことができる場所が唯一保健室であり、自分の気持ちを素直に言える人が養護の先生という子どもたちがたくさんいました。どうしても体調が悪いときに、養護の先生に話を聞いてもらってまた教室に戻る。そのための一時避難場所が保健室でした。ところが、そんな子どもたちの数が多くなりすぎた結果、それを抑制するために何らかの方策が必要とされました。

現在、多くの学校では保健室利用のルールとして、どこが具合が悪いのか自分の口から担任に伝えて許可をもらうこと。保健室の利用は1時間までとし、その後はかならず教室に戻ること。保健室は施錠し、利用したいときは職員室にまず寄らなければいけないことなどが決められています。このルールがすべての子に無条件に適用され、保健室という教室以外の居場所が無くなったと感じた時、いっときの避難場所を失った子どもたちは、学校に行くということそのものをあらかじめ避ける、という方法を導き出すしかないかもしれません。

それらのルールは、身体や心を痛めつけている子どもへの共感とはほど遠いものです。弱いほうから歩み寄らなければならないという大人の決めたルールに、子どもは抗するすべを知りません。

一生懸命、心の中にためてきたことを話してくれた子どもたちには、「そうか大変だったね」としか言うしかありません。もちろん、子どもや家族の話が１００％真実だとは思いません。でも、子どもにそう取られたなら、それがすべてです。

いじめられる方がいじめと感じれば、それはいじめであるという関係と同じです。どんなに忙しくても、圧倒的な力関係があるからこそ、ことばを選び、子どもの声を聞く姿勢がなければ、子どもたちは、ただ沈黙するしかありません。子どもがなんとかことばにした不安や悩みに対して、具体的に子どもが安心できる方法を提示できなければ聞く意味はありません。

今すぐそれを実現することが困難であれば、とにかく子どもといっしょに考えつづけることです。あるいは考えつづけることが、最善の解決方法であるかもしれません。

ちょっとだけ背中を押す

「よく話してくれたね、話すだけでもつらかっただろ」

「でもすんだことはもう変えられない。これからどうするか、いっしょに考えよう」

「また、来週待っているから」

「途中でひどくなったら、いつでも来てね」


内服は、変更あるいは増量してまた1週間分処方します。せめて少しでも、体調がよくなったと感じてもらわなければなりません。「気持ちのつらさが治るわけではないけど、体の症状は少しでも減らすことができるからね」。薬などいつでも止められます。調子がよく感じられたら、子どものほうから勝手に止めてしまいます。前にも書きましたが、今まで抱えこんできたつらさをことばにして言えたら、一歩前進です。ただ、カミングアウトしたことで一時的に症状が悪化することもあります。

「もし、午後からでも行けそうだったら行ってみるか」
「部活のために学校に行くわけじゃないから」
「部活のことは、学校に行けるようになってから考えればいいよ」
「小児科に通院して、治療していることは養護の先生にも話しておくから」
「もし、少しでも行けたら、行ってみてどうだったか教えてください」

「ごめんね、でもひとりじゃないからね」と心の中で謝りながら、ちょっとだけ背中を押します。

診療メモ

入院療法

この1週間、まったく動き出せなかったり、これまでの生活や睡眠のリズムが変わりそうにないときは、入院をすすめます。「しばらく入院してみるか、身体の状態も見られるし、先生もゆっくり話聞きたいし」、「泣かないでいられるかなー」。頭痛や腹痛などの身体的訴えが非常に強いときや、まったくエネルギーが枯渇して、とても動き出せそうにないときも入院をすすめます。

病院にいてくれれば、朝の頭痛の程度や、食事や睡眠の状態をじかに見られるし、話もゆっくり聞けるしと言うと、ほとんどの子は、首をたてにふります。拒否する元気もないのかもしれません。

当然のことながら、入院してみるとまったく様子がちがいます。学校や家から物理的に離れることが、これほど効果があるということを改めて感じます。登校しようにもできないのですから。あらゆるプレッシャーから解放され、起きられなかったはずの子が朝からゲームをしています。夜、ゆっくり話していると、思わぬ事実を打ち明けられることはよくあります。

大事なことはここからです。こちらから退院ということばは、いっさい言いません。親にも子どもから退院ということばが出るまで、退院ということばは禁句にしてもらいます。ややあって子どもが、どうしたら退院になるのとかと聞いてきたら、「うーん、どうなったらできると思う?」と聞き返します。そろそろ退院したいと言い出したら、「退院してどうする?」、とたずねます。自分から、「もう体はだいじょうぶと思う、学校に行けそうな気がする」と言えるまで、じっと待ちます。こちらから、「これなら、退院しても良さそうだね」と言ってはなりません。

入院療法というのは、一種の制限療法ですから、かわいそうですが本人が不自由や不利益さを感じなければ、動き出すエネルギーに変わりません。もちろん、入院している間に家での居場所をつくること、退院前に試験外泊してみること、登校への安全で確実な見通しをつけていくこと。そして、これからの希望を語ることは必須条件です。

入院療法を行っても、頭痛や腰痛などの訴えがまったく変化せず、子どもの思いがみえないことがあります。病院の居心地がそんなにいいはずはありませんが、まるで安住の地を得たように見えることさえあります。身体的な訴えが良くなることは退院して家に帰ることを意味し、家に帰ることが再び登校することを意味するのであれば、入院は二重の防波堤です。

この防波堤がびくともしないときは、補助的な手段として健康チェックと称して質問調査表を用います。よく使うのは、ＣＭＩやＰＳＩです。ＣＭＩは、質問数は多いのですが「はい」「いいえ」の二者選択で、体のことから心のことに質問内容が変わっていくことで、抵抗感が少なくなるように工夫されています。後半に出てくる質問で、〈いつもそばに相談相手がほしいですか〉とか、〈どなりつけられるとすくんでしまいますか〉などの項目に「はい」が付いていると、「ここにまるが付いてるけど」と、そこから話を展開することができます。ＣＭＩは、対象年令は14歳以上です。ＰＳＩは、質問数が少なく、小学生用、中学生用、高校生用があるので、低年令の子にも使えます。答え方はやや複雑なので、子どもといっしょに進めるようにしています。いずれも、まず名前を書いてテスト感覚ではじめます。答えももちろんですが、答える様子も重要になります。

もう一つ、学校に行けそうな見通しをつける時、あるいはつけられそうな時、子どもといっしょに悩んだり考えたりしながら、選択肢を立てることがとても重要になります。もし行けるとしたら、相談室からはじめるか、教室に入ってみるか。教室に入れそうとして、1限目に入るか、国語の時間に入るか。自分でどうすればいいのかはなかなか決められません。でも、選択することで自分で決めたという感覚を持つことができます。

単なる指示や誘導で動き出せたとしても、そのプロセスがないと、うまくいかなかったときに人のせいになってしまいます。その体験は、次に進むことをさらに難しくしてしまいます。もし、子どもがどちらかを選ぶことができれば、今度はその決断が失敗体験に終わることのないように、不測の出来事への備えやシミュレーションを含めた細心の準備をしなければなりません。十分には達成できないかもしれません。それでも決断しただけでも、教室の前まで行けただけでも一歩前進です。またあらたな作戦を考えます。

3

3回目の面接

久しぶりの登校

2回目の面接後、何人かの子は登校してくれます。身体症状が少し良くなったと感じられること、担任の先生や養護の先生が自分の気持ちや身体のサインを必ず見てくれると安心できたこと、そして、やはり何よりも、自分のつらさをことばにできたことや、これからもつらかったことを話せるかもしれないと思えたこと、それらが学校や教室に足を一歩踏み出すためのパワーになります。

「行けたの」
「ほんとか、がんばったね、疲れただろ」
「2日も行ったの」
「えー、がんばりすぎだろ」
「教室まで入ったの」
「入ってみてどうだった」
「緊張した」
「心配したほどではなかったか」
「やっぱり自分で体験してみるのがいちばんだな」
「まあ、勉強はぼちぼちやるしかないか、夏休みもあるし」
「腹痛も少し減ったのか、良かったな」

子どもの、少しだけうれしそうに教室に入れたことを報告してくれる顔を見ると、疲れただろ、がんばりすぎだ、ということばをかけずにはいられません。がんばったことを先生に伝えたくて、いえ私の顔を立てるために、学校へ行ってくれたかもしれないのです。

朝家を出て、校門をくぐり、教室に入るまでは、不安と緊張でいっぱいだと思います。まだまだ安心はできませんが、教室でみんなと過ごすことにそこまで心配しなくてもよかったのだということは、本人が自分で感じるしかありません。そのために、30分でも1時間でも、教室という空間で過ごせることはとても大切なステップです。

条件を整えていく

学校に行けたとして、クラスメイトや特に部活の先生や仲間から声をかけられることが精神的につらいと感じることが少なくありません。「元気か」、「調子はどう」、「部活にも来ないか」。何人もの人に自分の身体や気持ちの状態を説明することはかなり負担になります。部活への負担感が登校をさまたげるほど強いときは、休部が必要であるという診断書を書きます。ドクターストップであることを公式にまわりにアナウンスすれば、もうそれは気にしなくていいことを子どもに具体的に理解してもらえます。本人にとって登校しやすい条件があれば、それをひとつずつ整えていくことがいちばん大事なことです。

時々、それがまず学校に行くことへの子どもの負担を減らすためであるということを、先生方に理解してもらえず、診断書を受け取ってもらえない場合もあります。そのときはこちらの真意を学校に伝えなければなりません。また、診断書を書いても、子どもには1週間出すか出さないかをもう一度考えるように言います。最後は、「自分で決めた」というプロセスはぜったいに欠かせません。子ども自身がほんとうに出すことを決断したら、保護者から学校に提出してもらい休部することを公にしてもらいます。

とにかく教室に入れなければ何もはじまりません。そんなことが登校の後押しになり、学校で過ごすための安心につながることがあるのです。

診療メモ

伝家の宝刀、「診断書」

不登校はなぜ中学生に多いのか。いうまでもなく、中学校がストレス満載だからです。対人関係や一斉授業がストレスなのは当たり前、それを克服することも集団生活の目的であり、人生で必要なスキルだと思います。

「それにしても」と、外来に来る子どもたちと話していると思います。あきらかに必要以上のストレスに曝露されているとしか思えません。いくら体調が悪くても保健室にも行かせてもらえず、選びようもなく入った部活で学外コーチからあびせられる罵倒、平然と約束を破って口をぬぐう先生、一方的な指導方針あるいは放任、ただその部活に留めるためだけの内申書。

これらの現状を打開するためには、伝家の宝刀を抜くしかありません。いささか使いすぎてぼろぼろですが。残るも地獄やめるも地獄の部活から、救い出すには仕方がありません。

【当該生徒は、当院に通院治療中であり、いっさいの運動および楽器の吹奏を当分の間禁止

します】

中学生の子どもが、自分のことばや力で戦うには、時にあまりに大きく姿のみえない相手です。この診断書の目的は、学校を休ませることではありません。学校に行けるようになるための診断書です。

〈不登校〉の正体をいっしょに探る

3回目の面接まで、どうしても登校できなかった子どもたちも、前の日の夜に学校の準備までして朝起きられなかったり、あるいは玄関のドアの前で立ち止まったり、あるいは学校までの通学路を歩き出して、何度も何度もためらったことでしょう。

「そうか、やっぱりむずかしいか」

「でも、朝はなんとか起きられたんだ」
「準備して学校の前まで行ったのか、がんばったな」
「あと一歩踏み出そうと思うと、何がいちばん気になったかな」
「まわりにどう思われるかとか、自分の居場所があるだろうかと考えるだけでもつらいものだよ」
「勉強は少ししてる」
「遅れた科目はいま聞いてもわからないと思うけど、理科や社会ならだいじょうぶかな」
「先生がかわりに勉強するわけにもいかないし」

正直に言うと、手詰まり気味です。ただ、子どもたちのほうも行けないことが学校ということばに集約されてしまい、とにかく〈学校〉が無理という一点からぬきさしならなくなっていることもあります。

2回目の面接で〈学校に行く〉ということを、友だち、先生、勉強、部活、その他と項目に分けて聞きました。3回目の面接でも動けそうなきざしが見えません。今度は、〈学校に行く〉ということを子どもといっしょに1日の時系列に分解してみます。

例えば、【朝起きる↓準備をして家を出る↓先生やクラスメイトにあいさつをする↓授業を受ける↓昼ご飯を食べる↓授業を受ける↓部活に行く↓家に帰る↓宿題をする↓夕ご飯を食べる↓お風呂に入って寝る】と書いたとします。

上から順番にひとつずつ、とりあえずできるかできないか、〇、×を付けていきます。朝起きて、家を出て、あいさつをすることぐらいまでは〇が並びます。次の、授業を受けるに×がついたら、〈授業を受ける〉をいっしょに分解します。【教室に入る↓イスに座る↓先生の話を聞く↓ノートをとる↓何か質問されたら答える】。

分解することで×が〇に変わります。「あれ、〇になったね」と×を〇に訂正します。部活に行くにも×がついています。また、子どもといっしょに分解します。【部活に行く↓先輩にあいさつをする↓同級生と他愛のない話をする↓部活動をする】。これも全部〇になって、×が〇に変わります。宿題をするも×です。分解します。【帰宅したら宿題を確認する↓宿題をはじめる↓終わったら一休みして動画を見る】。

○、○、×です。「宿題を終えられない」ことが、〈学校に行く〉ということに×を付けていたことが子どもの中でも形をとります。なかなか姿をあらわさない〈不登校〉の正体を子どもといっしょに探すのもなかなか悪くありません。

別の選択肢

もうひとつ、学校に行けない期間が長くなればなるほど、学習空白などの二次的な不安が強くなってくることも仕方がありません。学校に行かなきゃいけないと思う気持ちに対して、気になることの比重は、勉強の遅れ、部活のブランク、まわりからの視線などに、否応なく変わっていきます。再登校のためには、その二次的な不安への手当ても必要になります。その部分の不安を解消する方法は、本人にわかりやすい形で確保しながら、子どもといっしょにつくっていかなければなりません。

特に学習空白の問題は、簡単には解決できる方法はありません。再登校し、教室に入れたとして、授業を受けながら、さらにこれまでのブランクを埋めるのは容易ではありません。先生方のサポートがぜったい必要になります。まず、学習空白を埋めることを優先しなければ、一歩も先に進めないことも多く経験します。教育センターや家庭教師や塾という方法もありますが、学習空白を埋めると言う意味でも、生活のリズムを作るという意味でも、限界があります。

さいわい、私が勤務していた小松市民病院には、みどり分校という県立病弱特別支援学校の分校がありました。とても小さな学校です。小さい体育館と、小さい教室が6個あるだけです。20年以上前までは、ネフローゼ症候群や重症喘息など長期入院が必要な子どもたちのための院内学校の役割を果たしていました。しかし、医療の進歩とともに多くの疾患が外来通院で治療可能となり、長期の入院を必要とする疾患は悪性の病気や、一部の疾患を除きなくなってきました。かわりにというわけではありませんが、心身症や発達障害、不登校で学校に行けない子どもたちが急激に増えてきました。そんな、どうしても大きな学校になじめない、いじめが解決しない、学習空白をとり戻したいがどうしていいかわからない、という子どもたちに、この小さな分校はとても大きな力を発揮してくれました。

病弱特別支援学校は、この20年の間にあきらかにその役割をかえました。勉強や運動もできるそんな小さな学校が身近にあること、どうしても原籍の学校に登校できなければ他の学校にかわってもいいということを知らされない限り、子どもたちが知るすべはありません。

現在や未来に対して別の選択肢があるのだということを知るだけでも、それは子どもの力になってくれます。

●学習機会を保証する

学習空白の不安が大きいときや、どうしても原籍の学校に行くのが無理そうなら、しばらく病院にある学校に来てみるかとすすめてみます。「この病院の中に、先生の学校

（すみません、あきらかにウソです）があるの知ってるか」、「楽しい学校だぞ」、「見てみたい？　へーこんな学校もあるんだと思うよ」。「学校は、学校だろ」と、渋る子どもにとりあえず建物だけ見せます。興味を示してそのまま中も見学したいと言う子もいれば、「無理、無理」と逃げ出す子もいます。小さな学校を見て、「こんな学校もあるんだ」という、まったく今とは別な選択肢があることを知るだけで、たとえわずかでも気持ちに変化が出ると思います。

こうして見学したり、体験登校したりして、「学校」というものに通うということを再体験できただけで、原籍の学校へ登校できるようになった子もいます。見学した翌日からみどり分校に通学して、別人かと見違えるほど元気になる子もたくさんいます。そんな子どもたちの姿を見ると、あらためて不登校とは何なのかを考えてしまいます。みどり分校に通学することをステップとして原籍に戻る子もいますが、多くの子はそのまま進級して高校に進学していきます。

勉強への意欲や能力は、確実な学習の機会を保証することではじめて生まれ維持されます。先生方や他の子との楽しい体験をつむことで、朝起きて学校に行きたいという欲求が自然に生まれてくれます。

小さな教室、小さな学校、小さな職員室、こんな学校もあるということを子どもたちははじめて知ります。その小さな学校を選択することは、逃げることではない、まして負けることではないと、子どもたちにかならず言います。それがとても勇気のある決断であることを、子どもたちにかならず伝えます。

病弱のための特別支援学校は、視覚障害、聴覚障害、知的障害、肢体不自由と共に全国にあります。しかしいまだに、不登校は病弱特別支援学校に入学するための病名とは認められていません。多くの病弱特別支援学校は、その設立の趣旨のまま入院を前提とし、「病気を治して、原籍校に戻る」という原則を変えていません。

この原則が不登校のすべてに当てはまらないことはあきらかです。子どもたちをとりまく社会環境の変化が、病弱特別支援学校に求める要請はあきらかに変わっているのです。その要請や学校に行けない子どもたちに応えようとしない人たちの視線は、いつも子どもとは反対の方向に向いています。みどり分校からは、学校の先生方の理解と協力のおかげで、たくさんの子どもたちが通学して巣立っていきました。「みどり分校がなければ、今も学校に行けていなかったと思います」。お家の人から何十回、いや何百回と聞いたことばです。

体が病気になるのなら、心も病気になります。体の病気に急性期があるなら、心の病気にも急性期はあります。体の病弱があれば、心の病弱もかならずあります。その治療のタイミングを逃せば、子どもたちはさらに長く苦しい闘病生活に入らなければならないのです。

4 その後の面接

高校生という未来

少しずつですが、相談室まで行けたり、保健室に行きそこから先生といっしょに教室に行けるようになったりします。また、外出ができるようになることで、登校は無理でも教育センターのふれあい教室などに行くことができるようになります。そこでの人との出会いが、力になります。たまたま出会った同級生に声をかけられたことが、登校のきっかけ

になることもあります。

子どもは、基本的にエネルギーにあふれた存在です。それでも、一度行けなくなった中学校という場所に戻るために、あらためて乗り越えなければいけない壁は高く、少なくはありません。

中学校を卒業するまでの間には、登校できないこともまれではありません。1日も登校できなくても中学校は自動的に卒業します。子どもたちは、自分がほんとうに高校に行けるのか、その前に受験できるのか、あるいは行けたとしてもまた行けなくなるのではないか、という不安でいっぱいです。知っている人には会いたくないと、地元から少しでも遠く離れた高校に行きたいと泣きながら訴える子もいます。

強迫行動が出たり、抑うつの状態がとても強くなり、子どもがとにかく今すぐこのつらさをなんとかしてほしいというときは、精神科に薬物療法などをお願いしなければならないこともあります。

いずれにしても、高校生というポジションだけは、何がなんでも確保しておかなければなりません。さいわい高校の選択肢は、ずいぶん拡がりました。高校という未来に目線をうつすことで、今を乗り越える力にします。

「高校は行くだろ」
「ぜったい行けるし」
「高校は楽しいぞ、中学とはぜんぜんちがう」
「先生も高校がいちばん楽しかった」
「だから、ぜったい行ってほしいんだ」
「すんだことはもうかわらない、受験までどう過ごすかだけ考えよう」
「今からでもいいし、院内学校で少し勉強取り戻しておくか」
「高校の情報をいっぱい集めておいて」
「高校に入るまでは、つきあうから」
「制服見せにきてね」

私が知っているかぎり、高校に行きたくないという子はひとりもいません。朝起きられなかった子も、とうとう中学卒業まで登校できなかった子も、頭痛や腹痛が最後までなくならなかった子も、私が知っているかぎり受験できなかった子はひとりもいません。ご両親にいつも言っています。「心配ありません、かならず受験には行きますから、準備だけはしておいてください」。

面接は今日もつづく

今この時も、不登校の子どもたちは、自分が学校に行きさえすれば親にも先生にも迷惑をかけなくてすむのにと、自分を責めつづけています。まだ自らの心や体を傷つけることしか知らないのです。子どもたちと話しながらいつも思います。そんなに苦しまなくても、何げなく学校に行っているほうがどんなにか楽だろうにと。

私の外来の引き出しには、いつもかわいいノートとふで箱がいくつか入っています。ノートは、「言いたいこと聞きたいことノート」という交換ノートのためのものです。言えなくても書けることはいっぱいあります。ふで箱は、学校に行けるようになったときに持っていくか、受験のお守り用に渡します。どちらも子どもに好きなものを選ばせます。そんな小さな決断が、子どもたちの背中を少しでも押してくれるように。

園児であれ、小学生であれ、中学生であれ、安心して過ごせる居場所を作ること。明日のこと、1カ月後のこと、1年後の未来のことをいっしょに考えること。

子どもたちの顔から笑顔が消えないように、面接は今日もつづきます。

家族、先生、まわりの人たちへ

1章から3章まで、子どもたちへの面接を中心に述べてきました。毎日子どもたちと向き合っている学校の先生方には、不快な思いをさせてしまったかもしれません。私のところに来てくれるのは、学校に通っている子どもたちのほんの一部であると思います。でも、その子たちが決して特別であるとは思いません。むしろ、その子たちの後には、つらさやしんどさを抱えて今この時も登校している多くの子どもたちがいる気がします。その中で、小さな心や体を痛めつけながら訴えてきたことに、誰かが応えなければならないと思っています。

安心できる場所は気持ちを聞いてくれる場所

園児であれ、生徒であれ、不登園や不登校になりたくてなる子はいません。どうしても集団や一斉授業というものになじまない子はいます。しかし、それは不登校になるべきものではなく、現行の学校制度以外の学校を保証すべきものです。あるいは、初等教育そのものを見直さなければならない時期にきているのかもしれません。

園に行きたくないと言った時、学校に行けなくなった時、そこにはぜったいにその子なりの理由があります。そこにまわりの大人が耳を傾けられないかぎり、耳を傾けたとして寄り添って共感するという気持ちや時間がなければ、子どもは心を閉ざしていくしかありません。

お腹が痛くて園に行けなくなった時、朝起きられなくて学校に行けなくなった時、かならず行けなくなった理由があります。たとえ時間がかかっても子どものそばにいて、ことばを紡ぎだし、子どもといっしょに悩み、考えることがなければ、先に進むことはできません。

どうしても学校に行けそうになければ、とりあえず休むことはもちろん必要です。お休みしなければいけない期間はさまざまかもしれません。数日でいいかもしれません。あるいは1カ月くらい必要なこともあるかもしれません。でも、どちらにしても大切なことは、その期間ではなく、学校を休んで過ごせる場所が、子どもにとって安心できる場所であることです。

安心できる場所とは、自分の気持ちを聞いてくれる人がいること、自分の不安や悩みをいっしょに考えてくれる人がいること、未来のことについての道すじを話し合える人がいることです。すんでしまったことはもう誰にもかえられません。今この時が安心できなければ未来のことは考えられません、未来が語れなければ過去から抜け出すことはできません。

●未来をいっしょに考える

中学3年生なら、学校の先生にお願いして高校のありとあらゆる情報を集めてください。高校は義務教育ではありません、その分選択肢はずっと拡がってきました。高校に行きたくない子はいません。高校生というポジションを確保することが最低条件です。

高校に行くということを具体的に目標にできることで、今の過ごし方を少しでも考えることができます。通信制や定時制であれ、インターネット高校であれ、どこに行くかではありません。そこで何をするかです。そして何かをするためには拠点がいります。

子どもといっしょに高校の品定めをしてください。ここなら行けるんじゃない。ここも良さそうだね、でもちょっと点数やばいかも。へー、こんな高校もあるんだね。面接を受ける練習はしといた方がいいかも。そんな未来への会話が動き出すエネルギーになってくれます。

中学1年生や2年生では、さすがに高校を目標にすることは、あまりに先のことすぎて無理があります。もう少し短期、あるいは中期の目標が必要になります。

短期であれば、なんとか学校まで来られること、あるいは教室で少しでも過ごすこと。中期であれば、学期や学年のかわり目がひとつの目標になります。いずれも、どうすれば動き出せるのか、子どもの思いや希望をやはり徹底的に聞くことです。いくら聞こうとしても、何も出てこないと感じられるかもしれません。そんな時でも、選択肢を示しながら、スモールステップで子どもの思いや希望に近づけることはかならずできます。

子どもにも、一時的に登校を回避しなければならないことはあります。それでも、学校に行けない状態、学校に行けたとして教室に入れない状態のほうがつらいのです。行きたいけどどうしても行けない、入りたいけどどうしても入れない。それは、決して楽なほうを選んでいるわけではありません、まして安心して、その時間を過ごしているわけではありません。どうしたら学校まで来られるのか、どうすれば少しでも教室に入れるのか、子どもといっしょに考えつづけること、それが子どもの希望です。

どうすればいいのかは自分で決められなくても、選ぶことはできます。学校まで行けるとしたら、朝、校門まで来て先生にあいさつして帰るのか、放課後相談室まで来て先生と顔をあわせるのか。教室まで行くとしたら、保健室から教室に行くのに先生に迎えに来てもらうのか、養護教諭の先生に送ってもらうのか。教室に少しでも入れるとしたら、教室で過ごすのを最初の5分にするのか、最後の5分にするのか。大人からみればとても小さい一歩でも、そんな選択をすることが子どもの決断を促してくれます。

どんな選択肢が考えられるか、どんな選択肢を提案してみるかは、少し頭をひねらなければなりません。もちろん、その選択肢が子どもの思いにそっていることは大前提です。基本的にはどちらを選んでも間違いではありません。その決断を自分で達成できることが、その決断に少しでも近づいたと認めてもらうことが、子どもの希望をつないでいきます。

正解はありません。子どもといっしょに悩み、考えつづけることで、子どもたちは自分なりの答えを見つけ出していってくれるでしょう。


園児や小学生なら、好きなことを見つけましょう。子どもにお気に入りの先生がいれば、その先生に相談しましょう。サッカーなどの習い事も悪くありません。

信頼できる大人がいて、ほめてもらうことで動き出しやすくなります。何か得意に思えることがあることも、いざというとき力になります。子どもの感じている不安や悩みを直接小さくすることはなかなかできません。でも体験の幅をひろげ、子どもの世界をもっと大きくすることで、不安や悩みのサイズは小さくできます。

残念ながら、ゲームはおすすめできません。ゲームは時間がつぶれるだけでなく、せっかくの時間をどう過ごそうかと考える力を奪ってしまいます。好きなもの、やってみたいことを見つける可能性をなくしてしまいます。ゲームの功罪はいろいろありますが、私は余暇力の喪失、つまり、自分が自由に使える時間をどう過ごすかということを考える力の喪失が、もっとも大きな問題であると思っています。

●親の体験談が子どもの力に

小学校高学年から中学校の女子に友人関係の悩みはつきものです。3人いれば毎日のように離れたとかくっついたとかで落ち込んでしまいます。いじめまでいかなくても集団で離れてみたり、わざと目の前で他の子と仲良くしたりします。

そんなことで落ち込んでいるときは、お母さん、お父さんの経験を語ってください。多少の脚色やうそはＯＫです。自分も子どものころ、仲間はずれにされたけどまた仲良くなったりしたこと。友だちができなくて悩んだこと。本当の友だちはもっとずっとあとにできたこと。子どもにとって、自分だけではない、ましてお母さんやお父さんも同じだったという思いほど、力になるものはありません。日頃あまり会話のないお父さんの、しみじみとした経験談もいいかもしれません。

どうせ休むなら明るく休みましょう。

「お母さんもお父さんも、人のことは言えないけど、世の中にはいろんな大人がいるということ、まだ若いのにいい勉強したね」

「あなたは嫌かもしれないけど、今はお母さんが友だちでいいじゃない」

「誰かをターゲットにすることで群れているのは友だちとはいわないと思うけど」

「あなたがいなくなってもなんとも思わない人たちのために、あなたを最大に愛しているお母さんをおいていかないでよ」

「ひとりが好きならそれでいいんじゃない、ずっとそれじゃ結婚もできないけど、まあそのほうがいいかも」

「せっかく休むんだから、朝いっしょに起きてお手伝いしてね、休みの日は買い物についてきあうこと」

「日本の学校も明治産業革命の遺物かな、毎日が世界遺産だと思って行けば」

子どもたちには未来があります。学校を休まずにすめばそれに越したことはありません。でも、どうしても学校に行けなくても、それは未来を閉ざすものではありません。生きる力にあふれた子どもといっしょに、あらたな出発をめざすことは決してつらい作業ではありません。

2部

学校力を考える

学校力を考えるにあたって、不登校の過去を４つの時期に分類していきたいと思います。

不登校第１期（１９７５～）　登校拒否期　「行かなければいけないのに、行けない」
不登校第２期（１９８５～）　学級不適応期　「行きたいけど、行けない」
不登校第３期（１９９５～）　学校機能不全期　「行きたくないから、行かない」
不登校第４期（２０００～）　脱社会期　「別に、行かなくてもいい」
不登校第５期（２０ＸＸ～）　学校力全開期　「まあ、休むほどでもないか」

子どもたちは過去をふり返る必要はありませんが、大人には過去を作り出した責任があり、子どもたちの未来に責任があります。２０ＸＸ年、第5期の「学校力全開期」にたどりつくことを願って、不登校の歴史をふり返っていきます。

最初におことわりしますが、この不登校の時期分類は子どもたちの外来診療にもとづくもので、医学的根拠にもとづくものではありません。

1　登校拒否期（１９７５〜）「行かなければいけないのに、行けない」

・登校刺激を与えてはいけないという処方せん

第１期を、１９７５年当時の用語の通り「登校拒否期」としましたが、正確には、当時この状況は「登校不安期」と言うべきであっただろうと思います。偏差値や内申書でがんじがらめになった学校教育の中に、自分の価値や存在意義を見いだせなくなった、早熟で感受性の高い子どもたちが、その不安から逃れるために、学校に行かないというぎりぎりの選択をしたのだと思います。

ところが、登校拒否という極めて強い表現が用いられたために、あたかも子どもたちが学校は登校に値しないと、自ら主体的に登校を拒否したかのように、各メディアはセンセーショナルにその子どもたちを取り上げました。その結果、登校拒否という強力なイメージが作り上げられ、さらに定着していきました。

実際は、そんな拒否という強い表現とはうらはらに、学校に行けない子どもたちの不安や葛藤は極めてはげしく、時に家庭内暴力、昼夜逆転、閉じこもり、強迫症や神経症などの極度の精神症状を引き起こしたのです。

これまで誰も経験したことのないはじめての事態に、医師も親も先生もカウンセラーも混乱の極みにありました。この時登場したのが、「登校刺激を与えるな」という処方せんです。誰もがこれにしがみつきました。「無理して行かなくていいんだよ」、ただそのことばだけが、登校拒否の子どもたちのまわりを飛びかいました。どう対処していいかわからなくなっていた医療や学校現場にとって、まさに救世主が登場したかのようでした。その、〈無理して行かなくていいんだよ〉ということばが、学校にとって意味するものを誰も考える余裕すらなかったのだと思います。

本来、「登校刺激を与えてはいけない」という精神科的な処方せんは、学校という教育システムを忌避する、あるいは行かなければいけないのに行けないという、非常に精神的葛藤の強い時期にそれ以上のプレッシャーをかけることは、心のバランスを完全に壊しかねない。学校に行けない子どもをさらに追いつめるのではなく、自分のあり方を考える精神的な余裕を与え、自分から動き出せる時間的な猶予を待ったほうがよい、ということだったはずです。

ところがその後も、「登校刺激を与えてはいけない」ということばだけがひとり歩きしてしまい、学校に行きたくなければ行かないほうがいい、本人が動き出せるまで待ちなさいという指導が、まるで免罪符のように使われることもありました。

2 学級不適応期（1985～）「行きたいけど、行けない」

・誰にでも起こりうるという見解

その後、長期欠席者は爆発的に増加していきました。無理して行かなくていいんだ、行けなければ学校に行かなくてもいいんだ、不登校第2期のはじまりです。

登校拒否は、不登校というおだやかな表現におき換えられました。少なくとも主体的な拒否ではない、学校に行きたいけれど行けない、どうしても教室に入れないという「消極的な登校拒否」が、不登校の大多数を占めてきたからです。この状況を受けて1992年、当時の文部科学省は、「不登校は誰にでも起こりうる」という見解を出しました。この見解は、不登校が特殊な生育環境や子どもの特性によるものではないという判断をしたもので、不登校への認識を進めるために一歩前進したと言えます。

しかし、「誰にでも起こりうる」ということは、とりもなおさず、不登校の原因は子どもたちの側ではなく、すべての子どもたちに共通した普遍的な問題が、学校あるいは教育の根底にあるということを示したことになります。ところが、その問題があきらかにされることなく、またあきらかにされようともせず、ただ不登校ということばの枠組みの中に、学校に行けないすべての子どもたちが取り込まれていったのです。

登校拒否は、子どもたちがその小さな人生を賭けて、強烈な不安とひき換えに、学校という教育システムに「NO」を突きつけたのに対し、第2期の不登校に含まれる子どもたちの多くは、学校そのものではなく、勉強や成績、対人関係などを含めた教室という空間を回避の対象にしています。学校にはなんとか行けるけれど、教室には入れない、保健室や相談室なら過ごせるという子どもたちの数が増えつづけたのです。この現象は、学級不適応と考えなければ、不登校の本質をとらえることはできません。ここにこそ、「誰にでも起こりうる」という不登校の根源的な原因があると考えなければいけませんでした。

・学校や先生の価値を矮小化

第2期には、頭痛や腹痛などの心身症的な症状を抱えた多くの子どもたちが、小児科の外来をおとずれました。まさに、いつ誰に起きても不思議ではないという状況でした。それは、ごく普通に学校に行っていた子どもたちが直面し、そのストレスを身体化することによってしか回避できない何かが、学校にあることを物語っていました。そのものが何なのかを突き止めようとする作業はそれほど難しいものではなかったと思います。

しかし、この第2期の子どもたちにも、「登校刺激を与えてはいけない」という処方せんを見直す余裕もなく、使いつづけられました。登校刺激を与えてはいけないというのは、精神的葛藤の非常に強い時期に、壊れる寸前の子どもたちの心を救うための緊急避難的な処方でした。そのあいだに、子どもたちが、身を挺して突きつけてきた問に解答を出さなければいけなかったはずなのです。

行きたいのに行けない、自分でもどうすればいいのか分からなくなっている子どもに、

「あなたの好きなようにしなさい」ということの矛盾に気づかぬはずはありません。そして、この指導の指針は先生にとっても、つらいものではなかったのでしょうか。40人のうちの、学校に来られない1人のために、多大な労力を割くことなど許されなくなったのです。無理に登校させなくていいんだ、40人のうちに1人くらい不登校の子がいても普通じゃないか、子どもが動き出せるのを待つのが一番いいらしい。学校カウンセラーの設置の動きは、そのような労力を割くことが許されない状況を維持する方向に機能するしかなかったかもしれません。

しかし、この第2期の「行きたいけど行けない」子どもたちに対して、登校刺激を与えないほうが本当にいいのかという疑問は、先生方の中に当然のように生まれてきたと思います。40人のうちの1人であろうとなかろうと、自分の時間を犠牲にして子どもに寄りそって登校にこぎつける、そんな先生方にも何人もお会いしました。小児科に受診するころは、子ども自身にも動き出したいという欲求が芽生えはじめているということもありますが、私自身も外来でさりげなく登校や教室に入ることを「刺激」していた気がします。

では、不登校が誰にでも起こりうる以上、その選択をすること自体が子どもたちや親の心の負担や、精神的な葛藤になってはいけない。そのように一般化された論理は、何を生み出すでしょうか。

一部の教育学者は、手加減なく学校や先生の価値をおとしめ矮小化することで、子どもたちの味方であるかのようにふるまいました。学校や教育の価値を問い直すいとまも与えず、世の中全体が、「学校なんか行かんでもいいぞー」と叫んでいる、まるでそんな状況でした。それは不登校を失くすために、学校を喪くすという愚にひとしいことです。学校や先生方が戸惑い、これまでのやり方に自信を失いそうになっているその時もなお、39人の子どもたちもまた、迷いながら、いろんな悩みを抱えながら学校に来ていたことを忘れるわけにはいきません。

・教室という空間への問い

外来に来る子どもたちと話しながら、この時ほど40人という巨大学級を恨めしく思ったことはありません。40人のうちの1人ではなく、15人のうちの1人ならどうだったのだろうと今でも思います。この頃、先生に会うたびに聞いていました。「1クラスの人数は何人が適正だと思いますか」。ほとんどの先生は、「18人ぐらい」と答えられました。できるはずはないと知りながら、「なんで子どもたちのためにストライキでもなんでもしないのですか」とふっかけたこともあります。

従来の学校というシステムが制度疲労を起こしてきていることは確かです。情報革命の嵐は、先生や学校も直撃しました。学校における先生から生徒への情報供与という図式によって成り立っていたはずの巨大学級は歪みをうみ、悲鳴をあげはじめていたことを現場の先生たちはいやおうなく実感していたと思います。

不登校第2期の「学校に行きたいけど行けない」というのは、子どもたちからの悲鳴でした。1学年41人いた小松市内のある小学校の校長先生が父母懇談会で、転勤などで転校するときは、なんとか5月1日以降にしてくださいとお願いしたという話を聞きました。4月中に1人転校すると、40人学級に編成しなおさなければならないからです。1人減ることで、子どもたちの環境が激変することのないようにお願いしたいのは、校長先生ではなく父母のほうです。

となりの学校と相談して何人かトレードしたらどうだろう、と真剣に思ったものです。

その意味では、つめこみ教育からゆとり教育へという転換はやむにやまれぬ選択だったのかもしれません。考える力、生きる力を育てるという考え方自体は間違っていないと思います。ただ、つめこみ教室も先生の数もそのままでは、生まれたのはゆとりではなく学習意欲の低下という皮肉な現実でした。

教室という空間は何のためにあるのですか、勉強は何のためにするのですか。無理して行かなくていいのですか、休みたければほんとうに休んでもいいのですか。「不登校」とよばれた子どもたちは、身を挺してその解答を求めていたのかもしれません。

3　学校機能不全期（1995〜）「行きたくないから、行かない」

・〈明るい不登校〉の実態

誰にでも起こりうる不登校は、こうして、十分な手立てもないまま第3期の学校機能不全全期にはいります。「行きたいけど行けない」から、「行きたくないから行かない」という子どもたちの登場でした。

もはや、そのストレスを回避するために身体症状をあらわす必要がなくなった子どもたちが小児科におとずれることはめっきり減りました。しかし、この「行きたくないから行かない」という、一見自発的で、自己肯定的にみえる意志が、じつは学校と自己の存在の二重否定の上に成り立っていたことを、子どもたちはまた身をもって示さなければならなかったのです。それが、見かけ上、〈明るい不登校〉とよばれた不登校の実態です。

B子14歳は、悲鳴を上げつづけなければいけないほどの激烈な腰痛を訴えた。整形外科で種々の検査を行ったが原因がわからず小児科へ転科してきた。小児科入院後も痛みは間断なくつづいた。体には器質的な異常がないこと、たとえ精神的なストレスでも人は強烈な痛みを感じることを話した。痛みが少しずつ軽減しはじめると同時に、B子は、幼い頃から両親のけんかが絶えず、頼りにしていた姉も県外へ進学してしまった。自分も家を出たいと泣きながら訴えた。しかし、病棟でみる親との様子はそれほど悪いとはどうしても思えなかった。不思議だねと、私の気持ちを伝えながら話しているうちに、B子は、学校の成績が下がったこと、勉強がだんだんわからなくなってきたこと、教室の中で自分のプライドが保てなくなったことを話してくれた。それから、ふっきれたように明るくなり、B子は無事高校進学を果たした。

すべての子どもたちの存在を不確かにできるもの、それは子どもたちを支配する価値観の喪失や逆転しかありません。この時期にすべての子どもたちに共通する価値観とは何でしょうか。価値とは本来多様なものです。多様性を失うことで、そこからの脱落が致命的と感じれば感じるほど、子どもたちはその価値にがんじがらめになっています。

・自己と学校の二重否定

B子のように、勉強やプライドのつまずきは誰にでもあります。小学校までは、先生方は大声チャンピオン、あいさつチャンピオン、かたづけチャンピオン、かけあしチャンピオンなど、むしろ多様な価値を認めてくれようとします。勉強がわからなくなってきたこと、自分のプライドが保てなくなること、それが自分の学校での居場所を奪うほどのストレスになる背景には何があるのでしょうか。

中学生は、いちばん自己承認の欲求の強い時期です。でも、自分に自信の持てるものなどまだ何もありません。自分は何のとりえもないと感じる時期です。自分なんかいてもいなくても何もかわらないと考える時期です。先生や親に口すっぱく言われなくても、勉強することが最後のとりでと思ってしまうことも仕方がないことでしょう。

そのとりでが崩れてなくなること、勉強のつまずきを先生が気づいてくれないこと、先生から見捨てられているのではないかということ、それを認めることは、かろうじて保ってきた自己の存在やプライドを否定してしまうことになります。だからこそ、自分の体を犠牲にしてまで、その不安を強烈な痛みにかえるのです。そしてようやく、まわりから「学校なんか行かなくていいから、元気になって」ということばを引き出します。でも元気になれば、あっというまに同じ状況に逆戻りしてしまうことを子どもたちは知っています。「元気になったのだから、がんばりなさい」と。B子は、学校での自分の存在感への不安を、一度家族の問題におきかえ、さらに激烈な体の痛みにかえるという二重の防波堤を作ってまで自分の体を痛めつけたのです。

いやされることのない勉強への不安、うめられることのない学校での居場所の喪失感が子どもたちの新たな不登校に結びついていきました。これが第3期の「行きたくないから行かない」という〈明るい不登校〉といわれたもののほんとうの姿です。それが、時には表面上明るく、自己肯定的にみえればみえるほど、その陰にあるのは自己と学校の二重否定という子どもたちの心を閉ざす深い闇なのです。

この闇がさらに深く、微かに感じる明かりさえ暗く閉ざしてしまうものがあることを、また子どもたちが教えてくれました。

心の中のつらく悲しい思いをようやく口に出して伝えるには、あまりに遠い先生までの距離。勇気を出していじめを訴え、守ってくれるといったはずの先生が傍観者のひとりであることを知ること。小学校に入学したときから植え付けられつづける友だちは多い方がいいという無原則な価値観。その子どもにはあらがいようのない価値観のために、教室の中でひとりで過ごすことへのいわれのない自責の念。きわめて少ない選択肢の中で選ばざるを得なかった部活動での理不尽な叱責や屈辱。体調が悪いことを訴えても、徐々に閉ざされていく保健室のドア。それは、子どもたちが最後の手段として、学校へ行くことそのものを回避することに同意せざるを得ないと感じるには十分でした。

「行きたくないから行かない」。それは、学校は何のためにあるのですか、学校は安心して過ごせる場所ではなかったのですか、という問いに、子どもたちのほうから出さざるを得なかったひとつの回答だったように思えます。

4　脱社会期（2000〜）「別に、行かなくてもいい」

・非社会的な方向へ

個の自立ということに何の危機感も思想も持たずに、声高に家族や学校の崩壊を叫んで平然と口をぬぐっている人たちがいます。人が持って生まれた個性と、自己実現のために形成していく個性とのちがいさえあきらかにせず、幻想としての自立をばらまくだけの人たちもいます。

どれほど情報革命が進もうと、サイバー空間でない限り他者のいないところに自己は存在しません。人が社会的存在を越えることができないかぎり、自立とは他者の存在を思いやれることです。自立とは自分で立つことではなく、多くの人によって立たせてもらっていることを知ることです。子どもたちを社会的に自立した存在にするために、学校を回避する対象ではなく、子どもたちにとって魅力的なものにすることは決して矛盾しません。子どもたちを社会化するということから目をそらしては何も生まれません。それは、自分のことしか考えられない親の育児放棄と同じことです。

この混迷のままに子どもたちを放り出すことは、社会の育児放棄でしかありません。所属と承認の欲求に飢えたまま、子どもたちは非社会的な方向へと向かっています。不登校もまたまぎれもなくその中にあります。子どもたちはあっけらかんと言います。「学校の勉強なんか役に立たないし」、「別に行かなくてもいいんでしょ」、「ゲームで世界一になるほうがお金ももうかるし、楽しい」。不登校の第４期の姿です。でもそれは、子どもたちの罪ではありません。

不登校は今も増えつづけています、今後もその状況がかわる兆しはありません。今でもその多くは、「学校に行きたいけど行けない」という第2期の子どもたちです。しかし、不登校は「別に学校なんか行かなくてもいい」という脱社会期に入ったことを認めるしかありません。今この時も、学校に行っている子どもたち、学校に行けない子どもたち、そのどちらの子どもたちをも、しあわせにすることから遠く遠く離れていく気がします。

5 学校力全開期（20XX〜）「まあ、休むほどでもないか」

いろいろストレスはあるけれど、「まあ休むほどでもないか」という学校を考えることは無駄でしょうか。学校に行けずに苦しんでいる子どもたちをみると心からそう思います。

・学習活動と部活の分離

すでに、部活動に対する先生の負担感の重さについては何度もメディアでも取り上げられています。土日もなく出務しなければならない先生の疲弊は想像するにあまりあります。

学校における学習活動と文化活動やスポーツ活動はもう分離しても良いと思います。医療の世界でも、医師、看護師、技師などが外部の力も取り入れ、それぞれの専門性を十分にいかせるように仕事の役割分担がかなり進んでいます。学校でも、先生でなければできない仕事や、教師でなくてもできる仕事があると思います。部活動は外部に委託したり、外部と連携することで教師の負担を減らし、教師が本来の専門性のある仕事が行える環境をつくることは必要であると思います。

また、部活動の選択肢の少なさについても、中学校の入学説明会で小学6年生の子が自分たちで部をつくることができますかと質問すると、「絶対無理」という答えが返ってくるそうです。自分たちで必要な人数を集め、年間の活動計画を立て、その結果を報告できるなら、自主的な部活動として認める。そんなことができれば、その部活動は確実に子どもたちの考える力、生きる力に結びついてくれると思います。その時は、先生方に少しがんばってもらわなければなりませんが。

・いろいろな子がいてあたりまえの教室

C子は、話すことも寝返りすることもできない重度の障害があります。でもお母さんは、地域の学校に通わせました。もちろん、多くの壁が立ちはだかっていました。親のエゴではないか、特別支援学校に行くほうがこの子のためではないか。それでもお母さんは毎日学校まで送り、C子は教室で笑顔いっぱいに過ごしました。

先生方も最初こそ戸惑いがあったようですが、まず受け入れてくれたのは子どもたちだったと聞きました。C子のおかげで、「いろいろな子がいてあたりまえ」という雰囲気が学校にうまれたそうです。C子にとって、普通学級で過ごすことと、特別支援学校で過ごすことのどちらが良かったのかは私にもわかりません。それでも、たかが医学の力がおよばなかったものを障害とよんでいることを、子どもたちは見抜いています。子どもたちは、ただクラスの一員としてC子を受け入れてくれたのです。C子もまた、ただクラスのひとりとして子どもたちを勇気づけてくれたのです。

自分という存在や、その人の人生は他者との関係性の中にしかないと私は思います。もし、C子の存在がその学校の中に、「いろいろな子がいてあたりまえ」という状況を作ってくれたのであれば、C子は精一杯、C子の人生を生きていると思います。

・学校における合理的配慮とは

D男は、どうしても繰り上がり計算ができません。それ以外はとくに大きな問題はありません。学習障害と診断されています。最近は、学校における合理的配慮として電卓を用いることも推奨されることもあるようです。通級といって算数の時間だけ、別なクラスで勉強するという支援も一般的に行われています。

2016年4月に施行された「障害者差別解消法」における合理的配慮とは、障害をもつ当事者が配慮や支援を希望した場合に、負担が重くない範囲で考慮しなければならないと定義されています。

子どもたちの希望はどこにあるのでしょうか。教室でひとりだけ電卓を使うことを希望するかもしれません。算数の時間は、ひとりだけ通級にいくことを希望するかもしれません。いざとなれば、電卓を使えばできるということを知ることは当然のことだろうと思います。科学は、人々の間にあるさまざまなハンディを解消するためにこそあるのです。自分の能力にあわせて、通級で勉強することも支援のひとつの形だと思います。ただ、それと同じように繰り上がりはひとまずスキップして、他のことをしてみたいという子どもの希望をふっと考えてしまいます。体育の時間、私もどうしても逆上がりができずに、早く次の時間にならないかとばかり考えていました。「算数のときにはそう言わないのに」と心の中で思いながら、「やればできる」と応援してくれる先生にそんなことはとても言えません。

学校における〈合理的配慮〉とは、いまだ表明されえぬ子どもたちの希望について、まわりの大人が子どもといっしょになって考える、あるいは考えつづけることなのだと思います。

・笑顔があふれる学校へ

少人数学級の議論も繰り返されながら、あいかわらず経済原理の中に埋没しています。いまだに少人数学級の是非を費用対効果ではかろうとする論調を目にします。費用はともかく、効果は何をもって判定するのでしょうか。

都会の学校も僻地の学校もいっしょくたにして、クラスの人数で不登校児童の数に差がないという人もいます。結果としてなった小人数学級と、教師が個々の子どもたちとふれ合う時間を確実に保証するという明確な意図を持って作られた小人数学級とはまったく意味がちがいます。そのような前方視的な試みがなされたという話も聞きません。それどころかチャンスであるはずの少子化は、先生の削減に向いています。教育に対する社会の決意は、子どもたちでなければ、いったいどこに向いているのでしょうか。

もちろん、少人数学級だけでさまざまな問題がすべて解決するわけではありません。でも、子どもたちの話に耳をかたむけていると、まず1クラスの人数を少なくすることが、やはり最低限の出発点だと思います。この年代の子どもたちの個性や能力や意欲は、まだとても脆弱であり、数の中でいともたやすく埋没していきます。それらのものが決して子どもから失われないように維持し、さらに引き出そうとすることが、学校や教育のもっとも基本的な機能であり、学校力であると思います。

子どもたちの能力や意欲は、個性さえも他者から注目されていると感じることではじめて維持されるのです。

1　先生がそばにいてくれると感じられる学校
2　机や椅子がいつでも自由に配置できる空間
3　自分たちで人数や活動計画を担保すれば認められる自主的な部活動
4　先生方の専門性が最大限に活かせるような学校環境
5　初等学校教育における学力の見直し
6　子どもからの希望聴取と、その希望にそった〈合理的〉配慮
7　「いろいろな子がいてあたりまえ」という障害と健常が補完的である教育
8　子どもたちの多様性が輝くことのできる少人数の教室

「えー、休んでもすることないし」
「まじうざいこともあるけど、どっちかというと楽しいっちゃ楽しい」
「けっこう、おれらのこと考えてくれてるんじゃねー」

20xx年、学校に子どもたちのちいさな笑顔があふれています。

あとがき

私が小中学生の頃は、学校は行くものであり、行かないことは考えたこともなかったと思います。もちろん行きたくないなと思ったことはありますが、行かなければもっとつらいことが待ち受けているような気がしました。親や先生に怒られるからとかではなく、それは、非日常を過ごさなければいけないことへの不安だったのかもしれません。

不登校の増加や低年齢化に対し、文部科学省は子どもの無気力や家族の意識の変化を要因にあげています。たとえ、それが不登校の原因として考えられるとしても、それは子どもや家族の責任でしょうか。それを作り出した責任は、社会全体にあるはずです。子どもや家族の変化を問うなら、学校や社会の変化もまた、問わなければいけません。

現在、フリースクールなどを公教育の多様性として認める動きがあります。しかし、学校とフリースクールを並列させることが、子どもたちや先生にとってダブルスタンダードをつくることを私は危惧しています。多様性は平等の一つの条件としても、平等を担保しない多様性は価値の分散でしかありません。まず、学校や教室の中での子どもたちの多様性を確保することが条件です。学校は本来、子どもたちにとってありふれた日常であり、個性豊かに過ごすことを保証された居場所のはずです。それを回避しなければならないことへの不安やつらさは、昔も今も変わらないと思います。

前著、「子育てが楽しくなる魔法教えます」に書いたように、ペアレント・プログラムの根底にあるのは、ほめるとは、子どもの小さな行動に注目することであり、ほめて育てるとは、子どもといっしょに考えることだと思います。そんな空間と時間が子どもたちのまわりにあることが、子どもの希望であり、自分という存在への無意識な肯定感であると思います。学校という時間と空間において、それが保証されようとすることが、子どもにとっての日常であることを切に願います。

今回、無理を承知で精神科医、井原裕先生に解説をお願いしました。先生の著書などを通じ先生の診療スタイルに惹かれるものがありました。御多忙にもかかわらず快くお引き受けいただき、心より感謝いたします。

２０１６年７月　上野 良樹

解説

本書のタイトル「不登校になりたくてなる子はいない」は、著者上野良樹先生の信念を端的に表しています。実際、子どもというものは、他の誰よりもワクワクしていたいもの。退屈のはずの「不登校」という選択肢をあえて選んでいる人はいないはずです。

しかし、学校というところは、怖いところでもあれば、難しいところでもあります。何かの出来事をきっかけに、怖さ、難しさを感じて、行くのをためらうこともあるでしょう。先生は、そんなとき、原因を探ろうとはなさいません。「この時期のストレスは、子どもがはっきり自覚していることはほとんどありません。それをつきとめようとすることは、かえってストレスになります」(P22)、そうお母さんにも説明します。そして、子どもに、少なくともこの診察室には君の居場所があると伝えるのです。

もちろん、深刻ないじめのような事態はありえます。その場合、先生は転校という緊急避難を選ばせることも躊躇しません。何よりも大切なことは、子どもに「物理的に絶対安心と思える状況」(P40)を与えることなのです。

その一方で、先生は制度としての学校が過渡期に来ていることも痛感しておられます。集団行動になじまない子に対しては、「現行の学校制度以外の学校を保証すべきものです」（P157）と言われ、教師の負担軽減のために「学校における学習活動と文化活動やスポーツ活動はもう分離してもよいと思います」（P184）とすらおっしゃいます。

先生に遅れて不登校臨床に参入した私にとって、先生のお言葉にはかみしめるべきものがたくさんあります。特に、「無理して行かなくていいんだよ」という優しさが、かえって子どもたちを絶望させるとのご意見には賛同いたします。むしろ、「未来を一緒に考えること」（P158）、「好きなことを見つけましょう」（P161）といった提案のほうが、子どもたちに希望を与えるようです。

北陸の地での先生の40年近くに及ぶ取り組みは、「生きる力にあふれた子どもたちといっしょに、あらたな出発をめざすこと」（P163）にありました。本書を読んで私は、今は亡きホイットニー・ヒューストンの名曲「The Greatest Love of All」のフレーズ「子どもたちこそ私たちの未来」を思い出しました。私もまた、子どもたちの未来、私たちの未来のために、先生の足跡を追いかけていこうと思います。

2016年7月　井原 裕（獨協医科大学越谷病院 こころの診療科）

著　者

上野 良樹（うえの　よしき）

1951 年、富山県生まれ。大阪医科大学卒業。

金沢大学医学部小児科医学研究科学位取得。日本小児科学会専門医。

珠洲市民病院、厚生連滑川病院、金沢大学医学部小児科、
カリフォルニア大学ロサンゼルス分校に留学。

1993年より、小松市民病院小児科部長として小児科医療にあたる。

2014年より、小松市民病院副院長兼小児科部長。

2016年より、小児科医として、金沢こども医療福祉センター・金沢療育園施設長を務める。

著　書
「小児科医のアフタヌーンコール」（北國新聞社）2000 年
「続・小児科医のアフタヌーンコール」（北國新聞社）2004 年
「子育てのスキマに読んでほしい話」（北國新聞社）2012 年
「子育てが楽しくなる魔法教えます」（ぶどう社）2015 年
「保育に活かすペアレント・トレーニング」（ぶどう社）2018 年
「発達障害の早期療育とペアレント・トレーニング」（ぶどう社）2021 年

不登校に、なりたくてなる子はいない。

－子どもといっしょに考える登校支援－

編　者　　上野 良樹

初版発行　2016年 9月 5日
3刷印刷　2021年 5月25日

発行所　　ぶどう社
編集担当／市毛さやか
〒154-0011　東京都世田谷区2-26-6　203
TEL 03（5779）3844　FAX　03（3414）3911
ホームページ　http://www.budousha.co.jp

印刷・製本／モリモト印刷　　用紙／中庄

イラスト　メルカドデザイン